アメリカ法講義案Ⅰ

東川浩二

アメリカ法講義案 I

信山社

はしがき

　本書は、金沢大学における外国法（英米法）のための講義案の一部をまとめたものである。講義で、総論部分として取り上げる本書の内容と、アメリカ民事訴訟制度のための講義案をまとめた『アメリカ法講義案Ⅱ』と合わせて、合計4単位分の内容をカバーしている。

　本書では、初めて英米法を勉強する学生を主たる対象として、基本的な事柄の説明にかなりの分量をさいた。また、教科書という性格上、網羅的な記述よりも、基本的と思われる事柄について、わかりやすい説明を優先させた。より学習を深めようとする場合は、講義の内容や、本書で取り上げた文献等を参照しながら、全体的な理解につなげていただきたい。3刷にあたって、誤植や記述を若干改めた他、補助教材として参照する有斐閣の『英米判例百選』が、2012年に『アメリカ法判例百選』として新たに刊行されたため、百選の事件番号を、後者の番号に修正した。

2014年7月

東川　浩二

目　次

第Ⅰ部　英米法とその特徴 ―――――――――――― *1*

1　英米法概観 …………………………………………………… *1*

1-1　英米法とは何か (*1*)
1-2　英米法とローマ法 (*2*)
1-3　英米法の体系 (*4*)
　1-3-1　我が国における英米法の影響 (*5*)
1-4　まとめ (*6*)

2　判例法主義 …………………………………………………… *7*

2-1　はじめに (*7*)
2-2　判例法主義の意味 (*8*)
2-3　大陸法における判例の重要性 (*9*)
2-4　法源としての判例 (*9*)
　2-4-1　判例法主義の判決文の特徴 (*11*)
2-5　先例拘束性の原理 (*14*)
2-6　先例拘束性の原理の運用 (*15*)
2-7　先例拘束性の原理が及ぶ範囲 (*19*)
2-8　まとめ (*21*)
　2-8-1　具体的法思考 (*21*)
　2-8-2　訴訟中心主義 (*22*)

3　法の支配 ……………………………………………………… *22*

3-1　法の支配とは (*22*)
3-2　ゲルマンの慣習法 (*23*)
3-3　ノルマン・コンクウェストとコモン・ローの成立 (*24*)
　3-3-1　コモン・ローの権威を高めた2つの要素 (*25*)

目　次

　　3-4　絶対王政と大権裁判所 *(26)*
　　3-5　コモン・ローの優位の確定 *(28)*
　　3-6　清教徒革命と名誉革命——法の支配の完成 *(30)*
　　　3-6-1　権利章典 *(31)*
　　3-7　まとめ *(33)*

4　コモン・ローとエクイティ　34

　　4-1　はじめに *(34)*
　　4-2　コモン・ローの成立過程 *(34)*
　　　4-2-1　国王の統治と Curia Regis *(34)*
　　　4-2-2　国王裁判所と他の地方的裁判所 *(36)*
　　　4-2-3　国王裁判所への提訴手続 *(37)*
　　　4-2-4　コモン・ローの硬直化と訴訟方式の形成 *(38)*
　　4-3　エクイティの成立 *(39)*
　　4-4　エクイティの領域 *(41)*
　　4-5　現代におけるコモン・ローとエクイティの融合 *(43)*

5　陪審裁判制度　44

　　5-1　陪審裁判制度の概要 *(44)*
　　5-2　大陪審と小陪審 *(44)*
　　5-3　陪審裁判制度の起源 *(46)*
　　5-4　アメリカにおける陪審制度 *(47)*
　　5-5　陪審裁判制度の影響 *(49)*
　　　5-5-1　集中審理方式 *(49)*
　　　5-5-2　証拠開示手続の発達 *(49)*
　　　5-5-3　民事手続への影響 *(50)*
　　　5-5-4　法廷技術と証拠法の発達 *(51)*
　　5-6　陪審による法の無視（jury nullification）*(52)*
　　5-7　陪審裁判の評価 *(53)*

第Ⅱ部　合衆国憲法の成立　57

6　植民地期のアメリカ　57

　　6-1　アメリカへの入植 *(57)*

目　次

 6-2　イギリス法の継受 *(58)*
  6-2-1　初期の拒否 *(58)*
  6-2-2　イギリス法の継受の確定 *(59)*
 6-3　本国との抗争 *(60)*
  6-3-1　重商主義政策 *(60)*
  6-3-2　ボストン茶会事件と第1回大陸会議 *(62)*
 6-4　13邦の成立とアメリカ連合 *(64)*
  6-4-1　連合規約の成立 *(65)*
 6-5　連合の危機 *(66)*
  6-5-1　連合規約改正における対立 *(68)*
 6-6　合衆国憲法の成立 *(68)*
  6-6-1　合衆国憲法草案の成立 *(68)*
  6-6-2　憲法賛成派と反対派 *(70)*

7　合衆国憲法の構造 ……………………………………………… *71*

 7-1　はじめに *(71)*
 7-2　連邦議会に与えられた立法権限 *(71)*
  7-2-1　憲法第1編8節 *(72)*
  7-2-2　課税・歳出権限 *(73)*
  7-2-3　必要かつ適切条項 *(74)*
  7-2-4　（州際）通商（規制）条項 *(75)*
 7-3　連邦政府にのみ立法権限がある場合 *(75)*
  7-3-1　連邦法による専占 *(76)*
  7-3-2　眠れる通商条項 *(77)*
 7-4　通商条項の解釈の拡大 *(77)*
 7-5　通商規制権限の制限 *(81)*

アメリカ法講義案 I

第Ⅰ部　英米法とその特徴

1　英米法概観

1-1　英米法とは何か

　世界各地には、様々な法が様々な形式で存在している。法の内容面における特徴に注目して分類するとき、そのまとまりを法系、または法族と言い、ある法系が実施されている地域を法圏と呼ぶ。それぞれの国で実施されている法を総称して日本法、アメリカ法、中国法と言うことがあるが、英米法、または英米法系と言う場合は、イギリス法とイギリス法を継受した国々で実施されている法全体を指している。

　このように、ある一定の国々で実施されている法の特徴を捉えて分類するとき、およそ世界には、英米法（または英米法系、以下同じ）、大陸法、中国法（大陸法に近い）、インド法（英米法に近い）、イスラム法（回教法とも書く。英米法とも大陸法とも大きく異なる。）といった分類が存在する。中でも、英米法と大陸法は、世界の2大法系としての地位を占めている。

　英米法に属する国々としては、その文字が示すとおり、イギリス、アメリカをその筆頭に挙げることができる。この2カ国以外では、アメリカの隣国であるカナダ、オーストラリア、ニュージーランドがある。これらの国々の歴史に注目すると、いずれの国もイギリスの植民地であったことを指摘できる。いわば、英米法とはイギリス法を源流として世界各地に伝播した法体系ということができよう。

1　英米法概観

　このような見方は、英米法に属する国の内部における法の不統一の説明に役立つであろう。その典型的な例は、アメリカ、ルイジアナ州である。現在のルイジアナ州がある地域は、もともとフランスの領土で、それが後にスペインの領土になり、その後にアメリカの領土になったという経緯がある。そこで、ルイジアナ州はフランス法（大陸法）の影響を残した法体系となっている。ただし、合衆国の一部となった現在では、合衆国憲法が適用されるし、連邦制度の下で受ける様々な制約もまた同様である。しかしながら、それでも、特に私法の分野において、多くの大陸法的特徴を持った州であるということができる。

　同様のことはカナダにも当てはまり、カナダのケベック州では現在でもフランス法が行われており、英語とフランス語の両方が公用語として認められているのである。このケベック州に対する特別の取り扱いはカナダ最高裁判所の裁判官の構成にも現れている。同裁判所は9名の裁判官で構成されているが、そのうち3名以上をケベック州出身の裁判官より選出することが法律で定められている[1]。これは、ケベック州の法に精通した裁判官が含まれていなければならないという考えに基づくものである。

　英米法の母国であるイギリスにおいても、スコットランドについては注意を要する。かつてイギリスはローマの支配下にあったが、スコットランドは、その支配を免れた。ローマ五賢帝のハドリアヌスは、スコットランド人（ピクト人）の侵攻に備えるために「ハドリアヌスの壁」を建設し、最終的には、その壁がローマン・ブリテンの北限となったのである[2]。

1-2　英米法とローマ法

　英米法と大陸法の差は、ローマ法の影響の大きさの違いと言うことができる。すなわち大陸法の国々はローマ法の伝統、ないしは遺産を多く受け継いでいるのに対して、英米法ではローマ法の伝統はあまり見られず、むしろその法は、ゲルマン法の伝統を多く残している。

（1）　また、慣例として、オンタリオ州から3名、西部の州から2名、大西洋岸諸州から1名を選ぶことになっている。
（2）　その後スコットランドは、16世紀から17世紀にかけてローマ法を継受している。

1-2　英米法とローマ法

　ローマ法の影響力の強さを示すためにしばしば引用されるのは、イェーリングの著書『ローマ法の精神』である。それによれば、「ローマは世界を三度征服した。最初は武力により、二度目は宗教により、最後は法律によって。」と言われており、ローマは、世界史上にその名を残す大帝国であった。イギリスもローマから武力による征服[3]と宗教による征服[4]を受けたが、法による征服は免れた。これは、ヨーロッパ大陸においては長く小国が分立する状態が続いていたのに対して、イギリスは1066年のノルマン・コンクウェストにより、強力な中央集権国家がいち早く成立したからである。すなわち、当時行われていたゲルマンの慣習法を根拠に裁判を行い、それを王国の法として適用させることができたから、イギリスには、ゲルマン法の伝統が今も色濃く残っているのである。

　このことはドイツにおけるローマ法の継受（Rezeption）と比較するとより明確になる。現在のドイツがある地域は、中世末期には多数の小国家に分裂した状態で、法が地域ごとに異なるばかりか、身分によっても適用される法律が異なっていたため、商取引に支障をきたしていた。そこでローマ法大全（その原型は533年ユスティニアヌス法典）を参照しながら、ドイツ固有の慣習法（ゲルマンの慣習法）を体系化したり、足りない部分を補うことで法の統一が行われたのである[5]。このようにして完成させたドイツ法をドイツ普通法（gemeines Recht）と言う。

> **英米法**（Common Law, Anglo-American Law）
> 　→イギリス、アメリカ——判例法中心：ローマ法の影響が小さい
> **大陸法**（Civil Law, Continental Law）
> 　→日本、ドイツ、フランス——制定法中心：ローマ法の影響が大きい

（3）　紀元前55年、54年シーザーが兵を率いてイギリスに侵入した。その後、410年まで支配を続けた。
（4）　313年にコンスタンティヌス帝がキリスト教を公認し、392年に国教となった。ローマ教会を本山とするローマ・カトリックがイギリスにも広まった。以後イギリスで影響力を持つ。
（5）　大陸法をcivil lawと言うとき、ローマ法大全の原語、Corpus juris civilisに由来している。

もっとも、イギリスに全くローマ法の影響がなかったわけではない。12、3世紀にはイタリアの法学者がイギリスを訪れローマ法の講義をするなど、当時の、ローマ法の権威の高さはイギリスでも認められていた。特に、コモン・ローがその厳格さのために時代の変化に対応しきれなくなった時（⇒4-2-4参照）、大法官裁判所が柔軟な救済を与えたが、大法官は聖職者であったから、ローマ・カノン法を用いていた[6]。

また、通商における法の統一という観点からもローマ法は影響力を持った。具体的には、18世紀に、イギリス契約法が、国際的な通商の慣習に適合するように、大陸法を基礎として発展していた商慣習法（law merchant）の考え方を積極的に吸収した。従って、ローマ法、あるいは大陸法の発展と無関係にイギリス法が存在していたとは言えないことには注意を要する。

しかし、イギリスでは、早くから中央集権国家が成立し、そこに設置された裁判所（国王裁判所）では、大陸から持ち込まれたゲルマンの慣習法がイギリス法の基礎となって独自の発展を遂げた。このため、イギリス法の基礎はゲルマンの慣習法とみるべきであって、積極的にローマ法を継受しようということは起こらなかったとみてよいと思われる。

1-3 英米法の体系

次に、英米法の体系を概観する。イギリス法は、主として①議会制定法（act of parliament）、②判例法（case law）、③憲法上の慣例（constitutional conventions）から成る。特徴としてあげられるのは、国の基本法である憲法について、イギリスでは、憲法とは上記の複合体を指すと一般に考えられていることである。イギリスは、不文憲法の国と言われるが、憲法という名前の法律がないだけで、実質的意味の憲法が存在し、それらは成文であることには注意を要する[7]。憲法的重要性を持つ法律としては、

---

(6) 大木雅夫『比較法講義』265頁（1992）参照。
(7) 形式的意味の憲法とは、憲法という法典の形をとっている成文法典を指している。一方、実質的意味の憲法とは、国家の枠組みを規定し、国家の義務を定めるなど、国家の基本的な事柄について定めている法規範を指す。この場合は成文か不文かを問わない。

1-3 英米法の体系

マグナカルタ（1215）、権利請願（1628）、人身保護法（Habeas Corpus Act 1679）、権利章典（Bill of Rights 1689）、王位継承法（Act of Settlement 1701）等があげられる。

判例法と制定法の関係については、歴史的には、判例法が先に成立し、制定法は、判例法を補完する地位にあった。しかしながら、イギリスでは、後に見るような議会主権の原理が確立し、「男を女に、女を男に変える以外はあらゆることをなし得る」と言うほどに議会の地位が高まったこともあって、判例法に対する議会制定法の優位が、法理論上明確に定められている。もっとも、ここでいう判例法に対する議会制定法の優位とは、前法に対する後法の優位の考え方に近いもので、イギリス法（あるいは英米法）においては、後に見るように（⇒2-2以下参照）、法の一般原則は判例法に示されていると理解することができる。

一方アメリカでは、法の基本的な部分についてイギリス法を継受したが、独立に際し、成文の合衆国憲法を制定した点が、イギリスと大きく異なっている。また、議会主権の原理を強く信じるイギリスに対して、アメリカでは、議会に対する不信から、連邦議会の立法権を限定列挙した。その体系は、① 合衆国憲法とその判例法、② 各州憲法とその判例法、③ 連邦議会による制定法（act of Congress）、④ 判例法、となる。

成文の憲法を持ち、議会の権限が抑制されているアメリカでは、政府の行為が憲法や連邦法の枠内に収まっているかが常にチェックされ、司法権がそのチェック機能を果たすという点で、司法権の優位が認められている点に特徴があると言える。

1-3-1 我が国における英米法の影響

我が国は、古くはアジア法の影響を受けたが、近代国家を立ち上げる明治期にはドイツ、フランス法を積極的に摂取し、その成果は、大日本帝国憲法や、旧民法、旧刑法、治罪法（刑事訴訟法）として結実した。明治期にはイギリス法の研究も進められていたが、我が国が近代法の体系を整備するにあたって、長い歴史と伝統を重んじるイギリス法よりも、成文法をもつフランス、ドイツ法を参照する方が簡便であったため、我が国は、大陸法国としてスタートを切ることになったのである[8]。

1　英米法概観

　第二次大戦後は、アメリカを主体とする連合国の占領を受けたこともあって、戦後の日本法はアメリカ法の影響が非常に大きいと言える。現在の日本法は、アメリカ法の影響による憲法を持ち、ドイツ法に影響を受けた民法、民事訴訟法、ドイツ法に影響を受けた刑法にアメリカ法寄りの刑事訴訟法、という混合的な体系となっており、2009年から実施されている裁判員制度は、アメリカ法とドイツ法の折衷ともよべるものである。商事法の領域でもアメリカ法の影響は非常に大きく、独禁法もアメリカ法の強い影響下にある。

　このように、従来のドイツ法の影響に加えて、英米法、特にアメリカ法の影響は、戦後飛躍的に増大した。それに伴い、比較法研究におけるアメリカ法研究が占める割合も増加した。この傾向は、特に公法の領域において顕著であったが、我が国の製造物責任法制定時には、アメリカ不法行為法の状況が大いに参照されるなど、私法の領域においても、英米法研究の影響は決して小さなものではないと言える。

1-4　まとめ

　以上のように、個別に、具体的な検討を加えると様々な差異や例外的な特徴を見いだせるものの、英米法という大きなくくりで見た場合、大陸法と比較して、次の2つの特徴をあげることができる。

　第1に、歴史的連続性が強い、ということである。既に述べたように、英米法は、ローマ法の参照を行わなかったので、古来の法や法伝統、具体的にはゲルマン法の伝統がそのまま維持されていることが少なくない[9]。

---

(8)　もっとも、戦前において、英米法の影響が一切見られなかった訳ではない。我が国でも、イギリス法のエクイティに起源をもつ信託法が明治の後期に成立したし、また、かつて陪審法が制定され（1923年）、陪審裁判が実施されていたことはよく知られている（1928年から1943年まで）。この陪審制度も英米法の特色のうちの1つである。前述の、イギリス契約法が大陸法の精神を積極的に吸収したのと同様、このような整理は、相対的、理念的なものである。

(9)　その例としてしばしば指摘されるのは、1225年のマグナカルタが現在でもその効力を否定されていないことや、17世紀後半に成立した詐欺防止法（⇒2-4参照）が、イギリスでは縮小されたにも拘らず、アメリカでは実質的にほぼ全面的に継受されたことであろう。その他、興味深い例としては、Year and a Day Rule を

このことは、大陸法が、ローマ法大全の注釈をベースに、従来の慣習法に変えて、大規模な法典編纂によりスタートしたことと好対照をなしている。

第2に、強い判例法への依拠をあげることができる。英米法はしばしばJudge-made-lawと表現されるが、これは、裁判官が個別の事件を通して示してきた判例が法の基本的な体系を構成しているという意味である。この点、大陸法が、学者による研究によって大きく発展したのとは対照的である。裁判官は、判断の根拠を判例に求めたが、その判例は、国王の手による一般慣習法を根拠にしており、一般慣習法はゲルマンの慣習法を整備したものであった。このように、英米法は、ゲルマンの慣習法を根源的出発点として、具体的な事件に対する判断が積み重ねられ、長い時間をかけて練り上げられてきたものが、やがて個別の法体系となるという形で発展を遂げた。このような意味で、英米法は、判例法を一次的法源（primary source of law）としており、それは、議会主権の確立した現在のイギリスにおいてさえ、認められているのである。

2　判例法主義

2-1　はじめに

紛争を解決する手段としては、いくつかの手段が考えられる。暴力が容認されないのは当然なので[10]、まず採られる方法としては、当事者間の交渉である。交渉で問題が解決されれば、他者や社会的制度に負担がかからないので、紛争解決手段としては最も望ましい。

あげることができる。これは殺害の実行行為があった後、被害者が1年と1日生存していた場合は、後に死亡した場合でもあっても因果関係を否定する（＝すなわち殺人既遂とはならない）法理であり、コモン・ローの準則として13世紀頃に確立されたものである。医療の発展に伴い、イギリスでは制定法（Law Reform (Year and a Day Rule) Act 1996）により廃止されたが、こうした法理が20世紀後半まで存続し、アメリカでは21世紀に入った今でも、各州が判例によって制限、または廃止の方向に向かっているにすぎない段階であることは、コモン・ローの息の長さを示す好例のように思われる。

(10)　ただし、一定の方式に従って上で決闘を行い、その勝者に有利な判決を下すと言うことが、中世のイギリスでは、正式の裁判として認められていた。これを決闘裁判（trial by battle）と言う（⇒5-3参照）。

2 判例法主義

　当事者が合意に達しない場合には、何らかの制度（権力装置）が、当事者の間に介入する必要がある。まず考えられるのが、調停、仲裁という制度である。調停（mediation）とは、第三者が調停人として紛争当事者間の主張を調整し、和解に導くというもので、その結論には法的拘束力がない。これに対して仲裁（arbitration）というのは、当事者同士が第三者に仲裁を依頼するという「契約の一種」であり、法的拘束力がある。

　しかし調停がまとまらなかったり仲裁が利用できない場合には、法（訴訟）による紛争解決、すなわち裁判という手段が利用可能である。裁判では、裁判官が事実を発見、認定し、それにルールを適用し、判決を下す。公平、法的安定性の要請のため、当てはめるルールは、当事者によって変わることのない普遍的ルールでなければならない。

2-2　判例法主義の意味

　ところで、裁判過程において当てはめるルールは、大陸法では議会制定法に由来するものと考えられている。これに対して、アメリカなどの英米法では、ルールは過去の裁判例の集積の中から導かれるものと考えられている。一般に、大陸法を制定法主義、英米法を判例法主義であると説明するのはこのような意味である。

　判例法主義の意味するところとして、かつては、大陸法では法の多くが法典化されているのに対して、英米法では法典編纂は一般的ではない、と説明されることが多かった[11]。こうした説明は、英米法と大陸法の性格の違いを端的に言い表そうとしたものであろうが、しばしば、判例法主義を不文法主義と読み替えた時、英米法には我が国の民法や商法に該当するような、具体的な法律がない、という誤解を招くことがあった。とりわけイギリスに、形式的な意味での憲法典が存在しないことは、あたかも英米には判例の蓄積のみがあり制定法は存在しないか、あっても大した重要性を持たないとする見方に説得力を与えた。

　実際には、イギリスやアメリカにも、膨大な量の制定法が存在しており、判例法主義を制定法の少なさに根拠づけるのは適当ではない。では具体的

---

[11] 例えば、大原長和「イングランド・コモン・ロウの成立」法政研究36巻2-6合併号249頁（1970）参照。

に、判例法主義というどのような意味であろうか。

2-3　大陸法における判例の重要性

日本法が大陸法に属し、大陸法が制定法主義を採用しているとしても、それは判例を軽視して良いという意味ではない。確かに、日本国憲法76条3項は「裁判官は、憲法及び、法律のみに拘束される」と規定しているから、この条文をそのまま理解すれば、判例が法源として認められていないことになるが、他方で、民事訴訟法第318条、刑事訴訟法405条二は、上告理由として、下級審の判決が最高裁の判例に反する場合を規定している。これは同一の争点に関する事件で異なった判断が下される不都合を回避するべく、最高裁に判例の統一と整理を求める趣旨であって、我が国における判例の重要性を示していると言えよう[12]。

制定法主義の国では、法の基本的原理が、議会制定法によって条文形式で示されているが、それぞれの条文が、現実に発生する全ての事例に対応しているということはおよそあり得ない。そこで、裁判においては、裁判官が、事案にあてはまるよう条文を「解釈」する必要がある。裁判官の解釈の結果として生まれた判例は、いわば条文と条文の隙間を埋め合わせるものという側面をもっている。このような意味で、判例相互の結論に齟齬が生じないように工夫をすることは、法の有り様を示す責務を負う法曹にとって極めて重要な課題である[13]。

2-4　法源としての判例

以上のように、我が国においても判例は非常に重要であると言うことができるが、その重要性は、具体的な条文との関連性において現れてくることに注意しなければならない。少なくとも理論的には、議会制定法という「母体」の検討なくして、個々の判例の重要性を吟味する意味はないと

---

[12] 裁判所法第10条3号が判例変更において大法廷を要求するのも、判例の重要性を示していると言える。

[13] 学部であれロースクールであれ、様々な判例を統一的に理解することは法学生にとって極めて重要な課題となる。近年いわゆるケースメソッドが普及しつつあるのは、そのことを示している。

2　判例法主義

言って良い。

　これに対して、英米法においては、判例法主義を採用するから、裁判官が依って立つ「母体」は判例そのものと言うことができる。具体的な事件を判断するにあたって、その事件を規律する法が何であるかを調べる時に、大陸法諸国の法曹が制定法（六法全書！）を調べるのに対して、英米法諸国の法曹は判例集を調べ、同種の事件において、過去の裁判官がどのような判断を下したかを参照しようとするのである。こうした、判例集の参照と言及の積み重ねによって得られる法原則を「法」と考える態度を、判例法主義と呼ぶのである[14]。従って判例法主義の国に制定法が存在しても、理論的には矛盾しないのである。

　英米の制定法は、その性格からいくつかの分類が可能であろうが、共通するのは、議会が無から生み出したものではなく、既に十分に蓄えられてきた判例から一定の法原則を導き出し、その法原則を条文化したという性格がある。アメリカの統一州法としてもっとも成功した事例とされる統一商事法典（Uniform Commercial Code）などはこのような性格が顕著である[15]。

　一方、英米の制定法には、判例法で示された法原則を修正、または限定したり、議会が、特定の問題関心から、その問題に対処するために個別に制定するものもある。前者の例としては、詐欺防止法（Statute of Fraud）があげられる。英米契約法は判例法によって体系化されている分野の代表例であり、それによれば、口頭でなされた契約でも拘束力が認められる。しかし、詐欺防止法によって、契約の目的物が500ドルを超える場合は、書面の作成が要件とされている。この場合、詐欺防止法は、判例法に示さ

---

[14]　大木雅夫『比較法講義』150頁以下参照。
[15]　なお、同様に判例法を統一する試みとして、アメリカ法律協会（American Law Institute）が作成した、リステイトメント（Restatement of the Law）をあげることができる。これは判例法の各分野について、実務家や研究者が中心となって判例法の精神を条文形式で成文化したものである（例えば不法行為の場合は、Restatement of Torts）。これは議会によって制定されたものではないため、制定法としての権威（すなわち一次的法源）はないが、一般的に高い権威が認められており、条文形式による整理法になじみがあることも手伝って、我が国でもしばしば紹介されるものである。

れた契約法の基本原則を一定の場面で修正していると言え、その意味で判例法と制定法は、我が国で言う、一般法と特別法の関係にあると言える[16]。

後者の例としては、我が国でもよく紹介されるメーガン法（Megan Law）があげられる。この法律は、性犯罪者の身体的特徴や住所等を、近隣の住民が知ることができるようにすることによって、性犯罪の防止に役立てようとするものである[17]。こうした法律は、判例の成文化や修正といった側面を持たず、むしろ性犯罪に対する厳しい世論を背景に成立したものである。

いずれの例にも共通するのは、一般に、英米法系の制定法をみても、当該法分野の全体像を知ることが難しいということである。詐欺防止法には、詐欺防止法が適用される要件が記されているのであり、契約法の基本原則を知るには、判例を見なければならない。この点、契約法の基本原則が記されている我が国の民法（特に第3編）とは対照的である。

【判例法主義の具体的意味の確認】
① 制定法がないという意味ではない。
② 大陸法諸国でも判例は重要である。
③ 判断の根拠が判例にあるという意味で考えよ。

2-4-1 判例法主義の判決文の特徴

以上見たように、判例法主義は、法的判断、特に裁判所による判決にお

---

(16) 最近の例としては、連邦民事規則でも認められている、クラス・アクション（集団当事者訴訟）について、一定の条件を満たした場合に、連邦裁判所に係属されるものと定めるクラス・アクション公正法（Class Action Fairness Act of 2005）がある。これは州で行われるクラス・アクションでは、裁判所や陪審員がしばしば被告（その多くは大企業）に対して過度に厳しい態度をとると言われていることから、被告を保護するために連邦裁判所に事件を移送させるものである。ただし、陪審が被告企業に対して本当に厳しいか否か、あるいは厳しいことが不当であるかどうかについては議論がある。

(17) もっとも、この法律の合憲性や効果には議論がある。平山真理「メーガン法の成立過程と問題点」犯罪社会学研究25号104頁（2000）を参照。

2　判例法主義

ける根拠を、過去の判例に求める考え方である。この考え方は法学研究や法実務の様々な場面で様々な形をもって現れるが、それが最も顕著なのは、英米の判決文であろう。例えば、以下は、テレビ番組での首つりスタントをまねた少年が死亡した事例で、テレビ局に責任なしと判示した事例の冒頭部分である[18]。

---

[18]　DeFilippo v. National Broadcasting Co., 446 A. 2d 1036, 1038-39（R.I. 1982）．引用にあたって原文の一部を修正した。

2-4　法源としての判例

【英米の判決文】

We begin our analysis by noting that it is well-settled law that the First Amendment applies to the states through the Fourteenth Amendment. Richmond Newspapers, Inc. v. Virginia, 448 U.S. 555, 599 n.2（1980）(Stewart, J., concurring); Consolidated Edison Co. v. Public Service Commission, 447 U.S. 530, 534（1980）; Joseph Burstyn, Inc. v. Wilson, 343 U.S. 495, 500 n.8（1952）; Gitlow v. New York, 268 U.S. 652, 666（1925）; *id.* at 672-73（Holmes, J., dissenting）. The First Amendment freedom of speech is not absolute, although it "forbid[s] the States to punish the use of words or language not within 'narrowly limited classes of speech.' " Gooding v. Wilson, 405 U.S. 518, 521-22（1972）.

Those classes of speech which states may proscribe within First Amendment guidelines are obscenity, Miller v. California, 413 U.S. 15, *reh. denied*, 414 U.S. 881（1973）; Roth v. United States, 354 U.S. 476（1957）; "fighting words," Chaplinsky v. New Hampshire, 315 U.S. 568（1942）; defamatory invasions of privacy, Beauharnais v. Illinois, 343 U.S. 250, *reh. denied*, 343 U.S. 988（1952）; and words likely to produce imminent lawless action (incitement), Brandenburg v. Ohio, 395 U.S. 444（1969）(per curiam). *See* Hess v. Indiana, 414 U.S. 105（1973）(per curiam); Gooding v. Wilson, *supra*.

In cases like the one at bar, claims must be weighed against two distinct First Amendment rights that come into play. The more obvious of these is the First Amendment right of the broadcasters. *See* Columbia Broadcasting System v. Democratic National Committee, 412 U.S. 94（1973）. This protection must afford defendants a strong presumption in their favor, a presumption that extends to both entertainment and news. Zacchini v. Scripps-Howard Broadcasting Co., 433 U.S. 562, 578（1977）. The First Amendment, however, does not provide the broadcast media with unabridgable rights, as is evidenced by the limited governmental control over the broadcast media. *See* Federal Communications Commission v. Pacifica Foundation, 438 U.S. 726, *reh. denied*, 439 U.S. 883（1978）; Red Lion Broadcasting Co. v. Federal Communications Commission, 395 U.S. 367（1969）.

The other set of First Amendment rights belongs to the viewers and general public, whose rights are paramount and supersede those of the broadcasters. Columbia Broadcasting System v. Democratic National Committee, 412 U.S. at 102. The public has a right to suitable access to "social, esthetic, moral, and other ideas and experiences***." *Id.*; Red Lion Broadcasting Co. v. Federal Communications Commission, 395 U.S. at 390. We must seek to balance these two distinct First Amendment protections with the arguments advanced by plaintiffs. Using this balancing test, we find that plaintiffs cannot overcome the right to freedom of expression guaranteed by the First Amendment.

2 判例法主義

　以上は、事件の事実関係の整理が終わった後、裁判官が実質的な判断を始めた部分である。裁判官は、この事件を判断する枠組みをまず提示するが、その枠組みを用いた過去の先例を引用し（下線で示した部分）、それ以降も、ことあるごとに先例を引用している。この点、我が国における判決文において先例が引用される頻度と比べれば、先例が判決文において重要なものとして扱われていることは一目瞭然である[19]。

2-5　先例拘束性の原理 (doctrine of stare decisis; doctrine of precedent)

　判例法主義を実質的に支えているのが、先例拘束性の原理である。つまり、ある事件は、類似の先例に従って判断されるという考え方である。法は一般に、形式性、安定性を要求するものであり、類似の事件について同様の結論が得られるべきであるというのは、我が国でも一般に承認されている考え方と見て良い。しかしながら、我が国におけるこうした考え方は、裁判所に対する、先例に倣って判決を下せという「規範的」な命令ではない[20]。これに対して、英米法における先例拘束性の原理は規範的なものである点で、我が国の考え方とは大きく異なっていることに注意しなければならない。

　先例拘束性の原理の必要性は、①平等性、②予測可能性、③経済性、④他の裁判所の尊重の4つにまとめることができよう[21]。類似の事件であるにもかかわらず、訴訟を担当する裁判官や、訴訟が提起された時期や場所によって判断が異なるのでは、訴訟当事者は、裁判所や、あるいは司法制度そのものを信頼することができない（＝①、④）。また当事者に

---

[19]　同じことは、陪審裁判において、裁判官が陪審に与える説示（instruction; charge）においても言える。説示の例を示した説示集には、例えば、殺人罪の構成要件について、説示が採用する考えを示した判例が、ほぼ例外なく示されている（⇒5-1参照）。

[20]　唯一規範的な命令と解されるのは、裁判所法4条の、上級裁判所の判断が、その事件に関する差戻審において下級審を拘束する、という規定である。しかしながらこの規定は、上級裁判所の判断を下級審よりも優越させることで、事件の終局的解決を早めることを期待したものであって、一般的に、下級審は上級審の判断に拘束されるという規範的な命令ではない。

[21]　E. Allan Farnsworth, An Introduction to the Legal System of the United States 51 (3d ed 1996).

とって、ある事例に関する先例があり、訴訟に持ち込めば敗訴する可能性が高いと判断されれば、自らに有利な和解の成立へと戦略を変更することも可能である（＝②、③）。このように、当事者にとって、判決がある程度予測可能であれば、無駄な訴訟費用を省くことが可能であり、裁判所にとっても、わかり切った訴訟を行う手間を省くことができるのである[22]。

各裁判所における具体的な先例拘束性については、縦と横から整理することができる。すなわち、裁判所の審級関係によって生じる拘束力と、裁判所の管轄権の地理的な区分の違いによる拘束力の問題である。

一般に、審級関係にある裁判所間であれば、上位の裁判所の判例は、下位の裁判所に対して拘束力をもつ。また上位の裁判所は下位の裁判所の判例に拘束されず、自ら下位裁判所の判例を変更する権限を持っている。一方、同一審級の裁判所が２つ以上ある場合、例えばニューヨーク州東部地区合衆国地方裁判所と、同州西部地区合衆国地方裁判所では、先例は、判決を下すにあたって慎重に検討されなければならないが、相互に拘束力は生じない。すなわち、縦の関係（＝審級関係による裁判所の違い）においては拘束力を生じるが、横の関係（＝地理的区分による裁判所の違い）には、厳密な意味での拘束力は生じない。従って、第２巡回区合衆国控訴裁判所と第５巡回区合衆国控訴裁判所では、それぞれが管轄する地理的範囲が異なるため、相互に拘束力を生じないばかりか、第２巡回区合衆国控訴裁判所の判例は、第５巡回区内の合衆国「地方裁判所」に対しても拘束力を持たない。拘束力が生じるのは同じ巡回区内の先例と、合衆国最高裁判所の判例だけである。

2-6　先例拘束性の原理の運用

ところで、判例法主義を採用する英米法系では、先例拘束性の原理が一

---

[22] もっとも、この予測可能性は、特に米国では陪審制度の存在によって損なわれている、とする見方があることに注意する必要がある。ラムザイヤーは、日本の訴訟選択率の低さの理由として、日本では広範囲に法が機能していないためという通説を批判し、日本では判決の予測可能性が高く、その意味で法が十分に機能しているから、法廷外で紛争処理をすることが容易になっていると主張した。マーク・ラムザイヤー『法と経済学』15頁以下（1990）参照。

2 判例法主義

般に認められ、かつ維持されているが、その運用には、イギリスとアメリカでは多少の違いがみられる。

イギリスでは、かつて、最高裁判所にあたる貴族院（House of Lords）の判決は絶対的なものであり、下級審はもとより、貴族院自身も、自ら変更することができなかった。このような絶対的先例拘束性の原理は、19世紀中頃から後期にかけて示され、1898年の貴族院判決では、貴族院は、自らの判決が下級審のみならず、貴族院自身も絶対的に拘束する、と宣言した[23]。このような絶対的な先例拘束性の原理の適用は、法的安定性の追及という理由の他に、貴族院が先例と異なる判決を下すことは、議会に専属する立法権限に抵触すると考えられたからであった[24]。

こうした絶対的な先例拘束性の原理が確立されると、一旦貴族院によって判決が下された以上は、その判決は判例法として確立し、それがいかに不適当なものであったとしても、司法機関としてはどうすることもできなくなった。その判例法の変更は、議会制定法による変更を待つしかないこととなった。

しかしながら、このような絶対的な先例拘束性の原理は長くは続かなかった。先例の遵守が厳格に過ぎると、個別の事例において不正義を招きかねないことが明らかとなった。1966年に貴族院は、全員一致による実務声明（Practice Statement）において、先例を遵守することの重要性を再確認しつつも、先例に固執しすぎることは不正義を招き、法の適正な発展を阻害する恐れがあることを認め、先例からの離脱が適当と思われる場合はそのようにすることができることを宣言した[25]。絶対的な先例拘束性の原理が維持されていた間でも、不正義が生じると思われる場合に、先例と当該事件の間の差異に注目し、先例と区別する（distinguish）ことで不正義を回避することが多く行われていた。しかし1966年の声明によって、いよいよ貴族院自身が先例を変更するようになったのは、立法による改善

---

[23] London Tramway Co. v. London County Council, [1898] A.C. 375 (H. L.).
[24] また、この時期の貴族院の判決には、法律家以外の貴族は参加しないという原則が確立されていたため、貴族院判決の質が向上していたことも指摘されている（田中英夫『英米法総論(上)』159頁（1980）参照）。
[25] Practice Statement 1966, [1966] 1 W.L.R. 1234.

2-6　先例拘束性の原理の運用

では不正義の是正が十分に行われなかったからであろう[26]。

> 【reverse と overrule の違い】
> reverse とは、上位の裁判所が下位の裁判所と異なった判断をすることである。これに対して overrule とは、ある裁判所が、当該事件よりも以前に宣言された法と異なる判断をすることである。例えば、最高裁が下級審と異なる判断をしたというのは reverse であり、ある裁判所（主として最高裁）が、先例変更をするのが overrule である。

　一方、アメリカにおいては、一般的な原理として、先例拘束性の原理が認識されてはいるが、その運用はイギリスほど厳格というわけではない。最高裁判所は、先例が不合理であると思えば自らその先例を変更することができる。下級裁判所も、先例が不合理であると思えば、先例を変更することが可能であり、その判決が、上位の裁判所によって肯認されれば、完全な先例の変更となる[27]。イギリスとアメリカの間に、こうした先例尊重の程度に温度差が見られることには、様々な説明があり得るが、端的に言えば、アメリカ社会を思想的に貫く合理主義ということになるだろう。後述するように（⇒6-2参照）、植民地期のアメリカでは、植民地の事情に適するイギリス法のみが移植されたが、こうした選択的なイギリス法の継受が行われたのも、先例に拘泥することの実益（＝先例遵守によって得られる法的安定性）が、初期の植民地では見当たらなかったからである。こうした合理主義を背景として、アメリカでは、先例拘束性の原理と一定の距離を保つようになっているのである。

　アメリカの最高裁が自ら先例を変更した例はいくつかあるが、そのうち最も重要なものの1つは、Brown v. Board of Education, 347 U.S. 483 (1954) であろう。この事件において最高裁は、人種差別を合法化する、分離すれども平等（separate but equal）の法理を打ち出した Pressy v. Furguson, 163 U.S. 537 (1896)（百選37事件）を明示的に破棄し、人種別学制

---

[26]　望月礼二郎『英米法』110-11頁（新版1997）参照。
[27]　ただし、ある争点について上位の裁判所（特に合衆国最高裁）の先例がある場合は、下位の裁判所がその先例を無視することはできない。

度は憲法違反であることを高らかに宣言した。

> 【CASE ; Brown v. Board of Education, 347 U.S. 483（1954）】（百選39事件）
> F：人種別学を定める州において、黒人の児童が、当該州法を違憲であると主張し訴訟を提起した。児童は、分離すれども平等の原則に照らしてみても、別学の学校は実質的に平等ではないと主張した。
> Q：平等の施設が提供されていてもなお修正14条違反の主張が可能か？
> H：YES
> R：分離すれども平等の原則は、今世紀においてそのまま適用するわけにはいかない。今日、公立学校の教育が完全に発達した状態に照らしてこの問題を考えなければならない。人種のみに基づいて、公立学校において児童を隔離することは、例え物的施設などの有形の要素（tangible factor）が平等であるとしても、少数グループの児童から平等な教育の機会を奪うことになるのか。我々はそうだと信じる。人種を理由に児童を分離することは、彼らの社会的地位について劣等感を起こさせる。

なお、近年の例としては、Lawrence v. Texas, 539 U.S. 558（2003）（※百選50事件）が、ソドミー行為を処罰するテキサス州法を合憲としたBowers v. Hardwick, 475 U.S. 186（1986）を明示的に覆した。このように、最高裁による判例変更は、時代の進化に対応した人権保障の強化という側面を持つ場合も少なくないが、他方で、世情を反映した最高裁の態度の変化として行われたり、類似の争点について、判例法を整理するために行われたりすることもある[28]。アメリカの最高裁判例、とりわけ憲法判例を検

---

[28] 例えばAdarand Constructors, Inc., v. Pena, 515 U.S. 200（1995）は、実施主体や目的によって分かれていたアファーマティヴ・アクション（Affirmative Action、積極的差別是正措置）の違憲審査基準について、Metro Broadcasting, Inc. v. Federal Communication Commission, 497 U.S. 547（1990）とCity of Richmond v. J.A. Croson Co., 488 U.S. 469（1989）を整理した上で、すべて厳格審査に服するとし、Metro判決を明示的に破棄した。

討する場合は、「何が法であるかを述べることは、断然司法部の領域であり、また義務である」として、違憲立法審査権を確立した Marbury v. Madison, 5 U.S.（1 Cranch）137（1803）（百選1事件）以来の伝統もあって、どのような事情のもとにどのような判例をどのような理屈で変更したか、ということも注意を払う必要があるだろう。

以上見てきたように、アメリカとイギリスに間では、先例拘束性の原理の運用の厳格さにおいて、若干の違いが見られるが、判例法主義を採用している以上、先例に対する十分な配慮が必要なことは当然である。実際の判例の動きをみても、一般論としては、判例の変更は、重要で正当な理由があると考えられる場合に限定されている、と考えてよいだろう。

2-7　先例拘束性の原理が及ぶ範囲

ところで、判例という用語を、司法権が行使された例として狭義にとらえ直すと、判例とは、司法権を発動させた具体的な事件を解決するために裁判所が行った法に関する判断ということになる。つまり裁判所が行った判断のうち、具体的な事件の解決において不要な部分、または関連性を有するけれども結論に影響を与えないような部分は、狭義の意味で判例とは言えないことになる[29]。

このような理解にたつと、判例法主義を実質的に支える先例拘束性の原理が及ぶ範囲も、判決の全てではないことがわかる。裁判所が示した判断のうち、結論を導くにあたって必要な法原則を示した部分を判決理由（ratio decidendi）と呼び、判決文中で述べられてはいるが、判決そのものについては必要でなかった部分を傍論（obiter dictum）と呼ぶ。狭義の判例とは、この判決理由のことである。先例拘束性の原理が及ぶのは判決理由だけであり、傍論は、後の裁判所によって説得的に引用されることはあっても、理論的には、拘束力を持たない。

判決理由と傍論は、常に裁判所によって明示的に示されるとは限らない。また、ある事件において判決理由と思われたことが、後の裁判所や管轄権の異なる裁判所からは傍論として扱われたり、逆に傍論が後に判決理由と

---

[29] このような理解について、木南敦「判例理論」田中成明編『現代理論法学入門』（1993）を参照。

2　判例法主義

理解されることもあり得る。判例法主義においては、裁判所は先例に拘束されるが、どの事件を拘束力のある先例と見るかの判断は、その裁判所によって行われるから、裁判所（あるいは先例を探し当てた裁判官）によって判断が異なることがありうる。

例えば、事実関係の類似性からある先例が利用可能なように思えても、そのまま先例を当該事案に当てはめると不正義が発生するような場合、裁判所は、先例を覆すか、先例を維持しつつ、先例における事実関係と当該事案における事実関係が、重要な点において異なっているため、別の法原則を適用すると宣言する。そうして宣言された法の判断が、再び別の裁判所に参照される。

ここで、実際の判決を素材として、判決理由と傍論の例を挙げてみる。事案は、著名なドレッド・スコット判決である。

【CASE ; Dred Scott v. Sandford, 60 U.S. 393 （1857）】（※ 百選26事件）

F：1820年に北緯36度30分以北を奴隷を禁止する自由州、以南を奴隷維持州と定めるミズーリ互譲法が成立した。奴隷であったスコットは、一度自由州であるイリノイ州に居住した事実に基づき、奴隷維持州であるミズーリ州に戻った後も自分は自由人であると主張し身分確認の訴えを提起したが敗訴した。奴隷維持州の裁判所では勝訴の見込みがないと考えたスコットは、奴隷時代の所有者の親族であるサンフォード氏に暴力を振るわれたことを理由に連邦裁判所に訴えを提起した。サンフォード氏はニューヨーク州に居住する自由人であり、連邦裁判所には、異なる州の市民の争い（州籍相違事件 (diversity of citizenship case) について管轄権がある。

Q：異なる州の「市民」の争いについて管轄権を持つ連邦裁判所に、スコットは訴えを提起できるか。

H：NO

R：①憲法が制定されたとき、奴隷は憲法が対象とする市民に含まれていなかった。従って訴え自体が無効である。
　②自由人かどうかは居住する州の法律によって決定される。
　③ミズーリ互譲法は、奴隷という財産を、合衆国憲法修正5

　　　　　条が保障する、適正手続（due process）によらず奪っているので違憲である。

　この事例では、スコットが訴えを提起できない、従ってスコットの敗訴というのが最終結論である。この結論と直接結びついているのは憲法の解釈より導かれた①である。すなわち、①の部分が判決理由であり、残った②、③の部分が傍論である[30]。

2-8 まとめ

　判例法主義と制定法主義の相違は、紛争解決手段としてのルールについて、何を法と考えるかということや、法曹の思考パターンにおいて最も良く現れるものであって、その区別は、理念的・形式的なものである。英米法系の法曹の思考パターンとしてしばしば指摘されるのは、具体的法思考の傾向と、法理論の訴訟中心主義である。

2-8-1　具体的法思考

　先例拘束性の原理は判例法主義の基礎をなす原理であるが、この原理は具体的な法思考においても影響を与えている。先例拘束性の原理は、訴訟が提起される前に、判決をある程度予測することを可能にしている。そこで、英米法系における法思考は、過去の判例からの類推による部分が大きいとされる。すなわち、日本法においては、まず制定法に注目し、請求や抗弁の根拠となる抽象的法規範を探し出し、それを根拠に判断を下すのに対して、英米法においては、同様の事実関係を持つ判例を探し出し、当該事件の事実関係と比較した上で、その判例の適用の可否を検討するという形で判断を下すのである。

---

[30] なおこの事件では、傍論を述べることによって、合衆国最高裁は、州権派（合衆国政府よりも、州の主権、州の独立性を重視する立場）、そして南北の面では南部派（奴隷制維持、工業よりも農業中心、比較的裕福）の立場を擁護したことを示した。このことは、南北戦争へのきっかけの1つになった。畑博行『アメリカの政治と連邦最高裁判所』23頁以下（1992）を参照。

2-8-2　訴訟中心主義

英米法では判例法主義が採用されているが、それは、抽象的法規範の解釈を考える日本法とは異なり、その法原則が訴訟において果たす役割を中心に考える、訴訟中心主義というべき性格を持つものである。例えば、日本法において、時効の概念は、債権の消滅を意味する（民法167条）が、英米法においては、「訴訟を提起できる期限の終了」と考える。すなわち時効とは債権の有効期限ではなく、出訴期限（limitation）を意味しており、債権自体は消滅しない。時効が抗弁として利用できるという点では変わりがないものの、あくまで、英米法において時効とは、訴権の消滅であり、債権の消滅ではないのである。

3　法の支配

3-1　法の支配とは

法の支配（rule of law）は、英米公法の基本原理として知られているものである。権力の行使を抑制する方法としては、法の支配と法治主義の2つの考え方があるので、以下では、法治主義（rule by law）、あるいは法治国家（Rechtsstaat）の考え方を概観することで、法の支配の意味の概略を検討する。

法治主義という考え方は、国家権力の行使について、その根拠を法の規定に求めるものである。すなわち、国王の権力と国家の権力が密接不可分となっていた専制国家に対抗する原理として、権力者の行為、特に行政と司法について法に従って行われるべきとする考え方である。権力の行使は、人（＝国王）の恣意に委ねるのではなく、法という形式に従って行われなければならない。その意味では、法治主義とは、人の支配ではなく法の支配のことである。

もっとも法治主義の考えによれば、国家権力は法に従って行使されていれば良いのであって、法の内容は問題とされない。そのため、国王の恣意的な権力行使に比べれば大きな前進であるとしても、法に従っている限り、例えば政治犯に過大な処罰を課すような不正義は是正できない。また法に従っていれば良いという考えは、理論的には、法に従って法を無効にする

という逆説をも認めることになる。こうした逆説がもたらす弊害は、例えば、「民主的手続に従って民主制を放棄した」かつてのナチスの独裁をみれば思い半ばにすぎるであろう[31]。

　もし我々が、自由に価値を認め自由が維持されなければならないと考えるならば、最大限の自由を尊重する一方で、自由を放棄する自由だけは容認することができない。権力の抑止に対する法の機能についても同様のことが当てはまる。権力の抑止のために法を用いるとしても、「自由に権力を行使できる」とする法を作ることによって、法は、容易に、権力の暴走を正当化する道具に堕してしまう。一方、権力が抑止されなければならず、それは国民の基本的人権を擁護するためであると考えれば、法は、その精神に基づいて、自ずと法の内容を定めることができる。権力行使の方法を定める法の基本理念が定まれば、議会はその理念に沿った法しか制定することができなくなり、理念に適合しているか否かは政治権力から独立した裁判所によって判定されなければならないことになるのである。

>【法の支配とはどのような原理か】
>①法は、権力者が恣意的に作成した、基本的人権を無視するような法を含まない。
>②法が支配するのは、国民ではなく権力者である。
>③何が法であるかを決定するのは、政治権力から独立した通常裁判所の役割である。

3-2　ゲルマンの慣習法

　以下では、イギリスの歴史を振り返りながら、法の支配、とりわけコモン・ロー優位の思想が確立された経緯を検討する。

　ブリテン島には、アングル人、サクソン人（まとめてアングロ＝サクソン人）、ジュート人などゲルマン部族に属する人々が大陸から移り住んでい

---

[31] このような法の内容を問わない考え方を形式的法治主義と呼ぶ。現代においてはこの考えが克服され、法の適正さ、公正さを要求するようになった。これを実質的法治主義という。実質的法治主義は「法の支配」とほぼ同じ内容を意味するとされる。伊藤正己『憲法』（第3版 1995）14頁以下、61頁以下を参照。

3 法 の 支 配

た。ゲルマン部族は6世紀初頭には既に法典を持っていたと言われるが、その実質は、ゲルマンの慣習法を文章化したものであり、今日で言う法典や制定法とはほど遠いものであった[32]。

ゲルマン部族がブリテンに侵入すると、ゲルマンの慣習法も同時に持ち込まれたが、当時、少なくともアルフレッド王の時代（9世紀後半）までは、強固な王権が成立しなかったこともあり、イングランドの各地に百戸邑（hundred）や州（shire）を単位とした、原始共同体における地方的な裁判所が整備された[33]。国王の権力の弱さは、地方における慣習法の独自の発展を許すこととなっていた。

こうした、王権（＝中央）の司法制度と原始共同体（＝地方）の司法制度の混在は、1066年のノルマンディー公ウイリアム（後のウイリアム1世）によるイギリスの征服（ノルマン・コンクウェスト）を契機として、イギリス全土に適用可能な法、コモン・ローとして整理されるようになった。

3-3　ノルマン・コンクウェストとコモン・ローの成立

ウイリアム1世と以降のイギリス国王は、強固な王権を築く一方で、ゲルマン部族の慣習法を保護することを約束した[34]。王権の基礎を提供したのは、国王と土地所有者（主として貴族や騎士）との間で結ばれた封建契約であった。すなわち国王は、アングロサクソンが保持していた複雑な土地所有の法則を、土地の所有と引き換えに軍務等を提供する、単純な権利・義務関係に置き換え、それをイギリス全土に広めたのである。こうして国王は、イギリス全土の土地を、直接的、あるいは間接的な方法でその支配下に置いたのである。

王権が強固なものとなると、次に行ったのは司法制度の整備であった。

---

(32) 高柳賢三『英米法の基礎』3頁（1954）。
(33) 望月礼二郎『英米法』9頁以下。
(34) 砂田卓士・新井正男編『英米法原理』15頁以下（補訂版1992）。ウイリアム1世は、1069年にイギリスから12人を集めて当時のイギリス法（＝ゲルマンの慣習法）を説明させ、『エドワード懺悔王の法（Leges Edwardi Confessoris）』を編纂した。ウイリアム1世は自分がエドワード懺悔王の正当な後継者であることを示すために（もともとエドワード懺悔王とは遠縁）、もとの慣習法をそのまま許容することにしたのである。

3-3 ノルマン・コンクウェストとコモン・ローの成立

国王は中央、すなわちウエストミンスターの宮殿の裁判所を筆頭に、様々な国王裁判所（King's Court）と呼ばれる裁判所を設置する一方、地方には、裁判官を派遣した。この派遣された裁判官は各地を巡回しながら裁判を行ったので巡回裁判官（circuit judge）と呼ばれる。巡回裁判官は、土着の慣習法（ゲルマンの慣習法）を利用し裁判を行った。

巡回裁判官は、それぞれの土地で行われている慣習法を実施するに当たって、その土地の法がどのようになっているかを、土地の者に尋ね、答えさせた。この方法は、ウイリアム1世の時代、すなわち1086年にDomes day Bookが作成された時に、既に用いられたもので、土地の住民に宣誓を行わせた上で、その土地に関する国王の権利を確定するというものである。こうした、その土地に住む者を呼び出す方法は、現代の陪審の起源となっているものである。

巡回裁判官は、各地を巡回しながら、次第に、優れた慣習法、合理的な慣習法の存在を認め、それらは、中央の国王裁判所にも取り入れられた[35]。そこで確立された法原則がまた地方でも行われるということを繰り返すうちに、遅くとも12世紀中頃までにイギリス全土に適用される王国の一般慣習法（universal custom of the realm）として整備され、これをコモン・ロー（common law）と呼んだ[36]。

3-3-1　コモン・ローの権威を高めた2つの要素

元来、古いゲルマン法においては、法とは慣習の集合であり永久不変の

---

[35] 様々な慣習法を「良い慣習法（good custom）」と「悪い慣習法（bad custom）」に区別し、悪い慣習法を排して良い慣習法を支持することが為政者の義務であると考えられていた（高柳賢三『英米法の基礎』127頁以下参照）。

[36] 田中英夫『英米法総論(上)』67頁。commonとは「共通の、普通の」という意味であるが、これは王国の一般慣習法がイギリス全土で適用できる法であるという意味である。ただし、その出発にはゲルマンの慣習法の要素が多く含まれていたとしても、国王は司法実務において独自の規則制定権や指揮権を持っていたから、国王裁判所で行われていた法が、慣習法にのみ起源を持つものと言うことはできない（砂田・新井『英米法原理』53頁を参照）。従って、王国の一般慣習法には、良い慣習法と悪い慣習法の区別においても見られた、慣習法のみに還元できない合理性による判断という側面が見られるのである（高柳賢三『英米法の基礎』127頁以下を参照）。

3 法の支配

ものであるという考え方があった。それにキリスト教の影響、すなわち神聖な、畏敬すべき法は神によるものという考えが合わさり、法の普遍性、絶対性が強化された。法は神が作ったものであるから、政治権力を掌握する国王といえども、法を変えたりすることはできないと考えられたのである。

また、封建制度も法を尊重する態度を醸成するのに役立った。封建制度を支えているのは領主とその家来との間の契約であり、その契約は絶対のものとされていたが、このような契約の尊重は、最大の領主である国王に対してもまた当てはまったからである。王の王たる地位は、封建契約によって支えられており、そうした契約遵守の考え方の背後には神の存在が意識される。かくして、この時代では、神と法は絶対のものとして意識されるようになった。「国王といえども神と法には従わねばならない、なぜなら王を作るのもまた法であるから」というブラクトンの言葉は、このことを巧みに表現したものである[37]。

こうしたキリスト教的伝統と、封建社会における契約観の影響により、コモン・ローには「王に対する法の優位」という法思想が認められるのである。コモン・ローを用いる国王裁判所では、法の優位が認められ、法の体系性、技術性が重んじられた。

3-4 絶対王政と大権裁判所

百年戦争と薔薇戦争という長期に渡る戦争が連続したこともあって、中世末期のイギリスは、国内経済の疲弊、封建体制の崩壊と国内秩序の大混乱という、かつてない困難な時期を迎えた。ヨーク朝を経てテューダー朝が成立すると、この難局を乗り越えるために、国王は様々な改革に打ってでた。法制度に関して行われた改革としては、コモン・ローの修正が重要である。国王は、形式的で厳格なコモン・ローでは、十分な正義が達成さ

---

[37] こうした考え方を端的にあらわしたのは1215年のマグナ・カルタである。これには、ジョン王（ジョン失地王）が直接受封者との契約違反をしばしば犯したために、彼らの権利を明文で定め、国王に認めさせるという意味があった。そもそもの対立の原因は、ジョン失地王が失地の回復のために、諸候から戦費調達を行ったことにあり、後に、マグナ・カルタは、国王といえども恣意的な課税を行うことができないという、近代憲法原理の核心である、国家権力の抑制の考えを示したものとなった。

3-4　絶対王政と大権裁判所

れないと考え、国王の大権に基づいて、しばしば勅令（proclamation）という形で、コモン・ローの原則を変更する立法を行った。

　司法制度については、国王の行政権限に基づいて、従来までの国王裁判所（コモン・ロー裁判所）と併せて、星室裁判所（Court of Star Chamber）などが設立された。これらは国王の大権によって設立されたものであるから大権裁判所（prerogative court）と呼ばれていた。これらの裁判所では、コモン・ローとは異なる手続を利用して、コモン・ローとは異なる法準則の下で事案の処理にあたっていた[38]。これは、もともと国王の統治を助けるための役人の集団である国王評議会（King's Council）が、コモン・ロー裁判所では迅速に対処し得ないような問題に対して判断を下したのが、発展したものである。従って、これらは行政部内に設けられた裁判所であり、現在で言う行政裁判所に該当するものであった。

　こうした、コモン・ロー裁判所とは異なる裁判所の設置と、コモン・ロー以外の法の運用は、従来までのコモン・ローの優位の考え方に反していた。しかしながら当時は、王座裁判所の指揮下にある治安判事が、地方行政において存分に活躍していたし、法曹の多くは、形式性・厳格性を重んじるコモン・ローの価値を信じていたから、大権裁判所（行政裁判所）の台頭がすなわち国王裁判所（コモン・ロー裁判所）との衝突というように結びつけられなかったのである[39]。

---

(38)　具体的にはローマ法が参照された。コモン・ローの硬直化に対応する形で発展したこれらの裁判所のうち、刑事事件を扱った星室裁判所や、民事事件を扱った大法官裁判所（Court of Chancellor）では、大法官が裁判の任務にあたった。彼らは聖職者であったため、ローマ法に関する豊かな知識と経験を有していた。

(39)　加えて指摘されるのは、国王の政治的資質である。ヘンリ8世は、自己の意志を法とするよりも、法をもって自己の意志とする方が賢明であり、イギリス国民の性格に合致すると考えた。また、国内統治のために国会をうまく利用しながら（例えば宗教改革）、他方で、国王と国会の接点（例えば国王の課税権の問題）以外のことで国王の権限を強化したから、国会と直接的な摩擦を起こさずにすんだのである。これに対して、後述するジェイムズ1世は、国王の権限を理論的に説明しようとするあまりに、しばしば国王の権限に挑戦しようとする国会（具体的には新たな課税を承認する代わりに、別の権限を要求する）と衝突した（田中英夫『英米法総論（上）』103 - 13頁、高柳賢三『英米法の基礎』158 - 60頁参照）。

3 法の支配

3-5 コモン・ローの優位の確定

テューダー朝の王位継承がエリザベス1世で途絶えると、ジェイムズ・ステュアートがジェイムズ1世として即位した。これがステュワート朝の始まりである。テューダー朝が100年あまり続いた間にイギリスの国内秩序は回復したが、ステュアート朝になっても、国王は、大権をふるう政治をやめなかった。

ジェイムズ1世は、大陸法系の伝統をもつスコットランド出身で、フランス絶対王政の影響を受けた王権神授説に依拠して、国王の権力は神に由来するものであり、国王の意志は神の意志であるから、人民は神に、すなわち国王に絶対的に従わなければならないと説いた。法についても、当然のように、国王が法の上にあるという立場を取った。

このような思想の下で、ステュアート朝の国王は、星室裁判所や高等宗務官裁判所を利用し、専制政治を実現させた(40)。それは、行政権を持つ国王が、その神に由来する権力に従って勅令という形式で立法を行い、そして自らの監督下においた裁判所を利用して行われたのである。

	国王裁判所	大権裁判所
例	人民訴訟裁判所（Court of Common Pleas） 王座裁判所（Court of King's Bench）	星室裁判所（Court of Star Chamber） 高等宗務官裁判所（Court of High Commission）
適用法	コモン・ロー	コモン・ロー以外
機能	（いわゆる）正義の実現	国王による専政の補佐
その他	コモン・ロー裁判所、通常裁判所とも言う	行政部裁判所とも言う

---

(40) 星室裁判所は、1566年の星室裁判所条例（Decrees of the Court of Star Chamber 1566）により、国王の特許を得た者にのみ許されていた、出版による言論に関する事件の管轄権を有していた。国王の管理下におかれた裁判所は、言論・出版に関する管轄権を行使することで、印刷人を処罰することが可能であった。高等宗務官裁判所は、もともとローマ法王に帰属していた、教会に関する事項についての裁判権を行うために設置されたものであった。しかし、次第に、教会に対する批判を

3-5 コモン・ローの優位の確定

やがて、大権裁判所の勢力が伸張するに連れて、王に対する法の優位と、法の体系性、技術性を重んじる、中世以来の国王裁判所（コモン・ロー裁判所）と、管轄権についての対立が生じるようになった[41]。すなわち、国王裁判所（コモン・ロー裁判所）と大権裁判所では、適用される法が異なるため、どちらが事件を扱うかが、当事者にとって非常に大きな問題となったのである。そして、国王裁判所は、しばしば禁止令状（writ of prohibition）を発して、管轄権を不適切に行使しようとする高等宗務官裁判所の手続きを停止させた。

こうした対立は、ついに国王禁止令状事件（Prohibitions del Roy（1607））で正面からとりあげられることとなった[42]。国王側につく高等宗務官裁判所は、裁判管轄権についての判断権は国王にあると主張し「全て、法について疑いのある時は、国王自らが最終判断を下すことができるはずである。裁判を行う裁判官は国王の代理人に過ぎないのであるから、国王は裁判官から事件を取りあげて、自らの手で判断を下すことができる」と考えた。

これに対して、国王裁判所である人民訴訟裁判所（Court of Common Pleas）の首席裁判官であったコークは、「イギリス国王は優れた資質を持っておられるが、イギリス法には通暁しておられない。コモン・ローは法についての人為的理性と判断の集積であり、長年の研究と経験によってはじめて知ることができる」と述べ、国王に対する法の優位を主張した。国王はこれに激怒したが、コークは、ブラクトンの「国王といえども、神と法の下にある」という言葉を引き、コモン・ローは、法的訓練を積んだ

　　行った者に対して、宗教問題について国王が持っている大権を侵したという理由で、宗教犯罪に関する刑事裁判権を行使するようになった。このように、星室裁判所も高等宗務官裁判所も、絶対王政期には、政治犯を処罰する組織として機能していた（砂田・新井編『英米法原理』91頁、田中和夫『英米法概説』64頁以下（再訂版1981）参照）。

(41)　こうした衝突の背後には、大権の理解の変遷があった。すなわち大権は国王が法に従って合法的に行使できる権利とされていたが、ステュワート朝においては、国王が法を無視することができる権利と考えられたのである。この点について、田中英夫『英米法総論（上）』111頁を参照。

(42)　この事件については、さらに、高柳賢三『英米法の基礎』160頁以下を参照。

者（Law Loads）のみが理解し運用できる、崇高で技術的なものであるから、行政部裁判所と管轄権の問題が発生した場合、その判定権はコモン・ロー裁判所にあると宣言した。最終的に、国王もこの宣言を容れたため、ここに、コモン・ローの優位、および、国王といえども一定の法規範に拘束されるという思想が確立されたのである[43]。

3-6　清教徒革命と名誉革命——法の支配の完成

1688年から89年にかけての名誉革命（Glorious Revolution）は、絶対王政から立憲君主制への転換点となった。具体的には、この革命を通じて、①議会の至上性（Supremacy of Parliament）と、②法の支配（Rule [Supremacy] of Law）が確立されたと言われる。

絶対王政期は、国王の権力が頂点に達し、他方で議会の権限は形骸化していたから、国王直轄の機関である大権裁判所が、国王裁判所との対立に敗れたことは、議会を大いに勇気づけた。1640年にチャールズ1世が国会を召集すると、国会は行政部優位の象徴となっていた星室裁判所の廃止を国王に承認させた。そこで、国王派と国会派の対立は深まり、やがて内乱戦争へと発展した。1649年には、国民を味方に付けていた国会派がこの内乱に勝利し、国王を捕らえて処刑した。当時の議会の庶民院議員の多くは清教徒（ピューリタン）であったことから、この事件を清教徒革命と呼ぶ。

この清教徒革命の後、しばらくは国王なしの共和政体が維持された。1660年まで続いたこの時代を大空位時代と言う。1660年には王政復古が行われたが、チャールズ2世を経て、1685年にジェイムズ2世が即位すると、再び議会と争うようになった。これは、旧教徒であった国王が、旧教徒を差別する議会の立法の無効を宣言したため、「国王が法の上にある」ことになり、「国王といえども神と法の下にある」と信じる議会と衝突し

---

[43]　後にコークは、議会に対するコモン・ローの優位をも主張するようになった。すなわち議会の制定した法が正義に反する場合にどうすれば良いのかという問いに対し、コークはコモン・ローがこの不正義を抑制し、その制定法を無効にすると考えたのである（砂田・新井編『英米法原理』18頁以下参照）。名誉革命によって議会の至上性が確立するとこうした考えは否定されたが、アメリカにおいては、司法権優位の思想と結びつき、司法審査制度の根拠となった。

3-6 清教徒革命と名誉革命――法の支配の完成

たためである。そこで1688年に議会は、新教徒であるオレンジ公ウイリアムをオランダから呼び寄せ即位させた。ジェイムズ2世は自らの不利を悟りフランスに逃亡した。こうして流血の事態が起こることなく、王が入れ替わったことをさして名誉革命と呼ぶ。

3-6-1 権利章典

名誉革命の翌年の1689年、議会は権利宣言（Declaration of Rights）を起草し、ウイリアムとその妻であるメアリに彼らを共同君主として認める代わりに、権利宣言を承認するよう求めた。この要求は受け入れられ、ウイリアムとメアリは共同君主となった。このことの重要性は、政治的取引で王が誕生したということではなく、議会主権（Sovereignty of Parliament）の原理を確立したことにある。なぜなら、王の王たる身分は神に由来するのではなく、議会に由来することが、事実として確定したからである。同時に議会は、名誉革命を法的に意味あるものとするために、権利章典（Bill of Rights）[44]を定めた。

権利章典はおおよそ次の4つの特徴を持つ。第1に、王位継承について定め、特に旧教徒を王位継承において差別する。これは、王は法の下にあること、すなわち法の優位を意味する。第2に、議会（庶民院（House of Commons））の承認なくして、王は法を定めたり改定することができない。また第3に、議会の承認なくして課税してはならない（承認なくして課税なし）。この、第2、第3の特徴は、王に対する議会の優位、すなわち議会の至上性を意味する。第4に、宗教上の事件に関する宗教裁判所の設置を禁止する。これはステュアート朝における高等宗務官裁判所が、専制政治の基礎となっていたことからの反省で、同時に行政部裁判所や行政内部の特別法に対して、国王裁判所（コモン・ロー裁判所）とコモン・ローの優位を意味している。

議会主権、議会の至上性の概念が確立されたことに端的に示されているように、名誉革命以降の展開は、イギリス憲法史上、重要な意味を持つ。ここで言う議会の至上性とは、絶対王政期の国王が制定する、行政法規な

---

[44] 正式には「臣民の権利、及自由を宣言し王位継承を定める法律」と言う。

3 法の支配

どの特殊な法ではなく、コモン・ローの優位を示しているが、加えて、もともと人為的に体系化された歴史を持つコモン・ローが、議会の至上性の確立と共に、議会の制定法によって変更の対象となりうるものとなったということである。最高の権限を持つ議会によって制定、変更されるものであるから、コモン・ローとは、あらゆる国法の中で優位となる最高の法、とされたのである。従ってこの時代における法の支配とは、単にコモン・ローの優位というよりも、国法（＝議会制定法）の優位をも意味するものである。

ところで、議会の至上性が確立したことは、次のような重大な意味をも含むものであった。第一に、議会の決定があらゆるものに優越するという、議会制定法の優位が確立したことを受けて、国民の権利と自由が保障されると考えられた。議会の権限は至上のものであるが、自由な選挙が行われ、国民の意見を敏感に反映した議員が選ばれるから、議会の制定法を信頼することが可能だったのである[45]。また、権利章典によって、徴税権、常備軍に関する権限が議会に属することが確認され、議会内部の言論の自由が確立した。

第二に、議会の至上性が確立したことによって、国王の進退も議会が決めることができるようになった。したがってこのような政体を立憲君主制と呼ぶことが可能である。権利章典は、カトリックの信仰を持つ者は王位継承権を失うと定めていたが、1701年に制定された王位継承法（Act of Settlement）は、このことを確定した。王位継承法はさらに、裁判官の身分保障も明文で定めた。コモン・ローの原理の下では、国王といえども法の下にあり、何が法であるかを発見するのはコモン・ロー裁判所の裁判官の役割であると考えられてきた。コモン・ロー裁判所はもともと国王が設

---

[45] このような、自由な選挙によって選ばれた議員が構成する議会に対する信頼は、古典的なコモン・ローの原理と議会の至上性という相互に矛盾する概念を両立させることに極めて有益であった。コモン・ローの基礎にある、古ゲルマンの法思想は、法とは誰かによって定められるのではない、永久不変の慣習法であると考えていた。これに対して、議会の至上性の原理は、人為的に作成された議会制定法が何にも勝る、という考え方であった。そこで、自由選挙制度が確立されていれば、国民の持っている自然的正義感情が、議員を通じて議会に反映され、そのため議会の専断的行為が抑止されると考えられたのである。

置したものである。従って、裁判官の身分保障が確立されていなければ、国王や、絶対王政時代には国王が支配した行政部に迎合する判断をする恐れがあった。王位継承法では、裁判官は非行を犯さない限り（during good behavior）国王によって罷免されないと定められ、事実上は終身の身分保障が実現した。

> 【法の支配と市民革命の意義】
> ① 名誉革命によって、議会の至上性（Supremacy of Parliament）が確立した。
> ② 同時に、国王による行政法規などではなく、議会の制定法が何よりも優位することが、国政の原理として確立された。
> ③ 国王の権限が議会の管理下にはいることによって、コモン・ローの優位＊が確定。（＊ただしここでは、古典的なコモン・ローではなく、王権にも対抗しうるイギリス国法全体の意味。）

3-7 まとめ

ここまでの流れを、ごく簡略にまとめると以下のようになるだろう。ゲルマンの慣習法に基礎を持つ、初期のコモン・ローにおいては、王に対する法の優位が認められていた。やがて絶対王政期における大権裁判所との抗争の末に、王に対する法の優位が確定した。この後、２つの市民革命を経て、王に対する法の優位は、王権に対する議会の優位として現れることとなった。今や議会は王権のみならず、コモン・ローをもその統制下におき、その法がイギリスという国全体を支配しているのである。法の支配という時に、法治主義とは異なり、基本的人権の擁護という側面、すなわち、議会制定法には王権を抑制するという思想的伝統が常に刻印されていることが強調されるのはこのためである。

4 コモン・ローとエクイティ

4-1 はじめに

コモン・ロー（common law）は、多くの文脈で使われる言葉である。本書におけるこれまでの検討との関連で言えば、① 大陸法（Civil law）と対比される英米法という意味、② イギリス法全体、③ 制定法と対比して、判例法という意味の3つをあげることができる[46]。判例法は、さらに、コモン・ローとエクイティに分類されるので、以下では、この4番目の用法としてのコモン・ローとエイクティについて検討する[47]。

コモン・ローとエクイティは、ともに、イギリスにおいて発展した判例法の体系であるが、ごく簡単に言えば、以下のような違いが認められる。すなわち、コモン・ローとは、損害賠償を命じる判決の体系であり、エクイティとは特定履行（specific performance）や差止命令（injunction）などの「何々をせよ（あるいはするな）」という命令の体系である。英語の表現で、「law」とだけ表記されている場合は、一般的にはコモン・ローを表していることからもわかるように、法体系において、コモン・ローはその中心的な地位を占めており、エクイティは、コモン・ローを補完するものと考えられている。以下、具体的に、コモン・ローとエクイティの成立過程を検討する。

4-2 コモン・ローの成立過程

4-2-1 国王の統治と Curia Regis

1066年のノルマン・コンクウェスト以降、国王がイギリスを統治するにあたって重視していたのは Curia Regis（王会）という合議体であった。Curia Regis は国王を中心として、聖職者と直接受封者（tenant in chief）か

---

[46]　さらに③-Aとして、法の体系が判例の集積によって形成されていった法分野（例えば契約法や不法行為法）という意味と、③-Bとして、憲法、その他の制定法の解釈によって導きだされた法原則（例えば Miranda v. Arizona, 384 U.S. 436 (1966)（※百選55事件）において、最高裁が合衆国憲法修正6条を解釈して導きだした、いわゆるミランダ警告（MirandaWarning））という意味がある。

[47]　なお、コモン・ローには、教会法（canon law）に対して世俗の法という意味もある。

4-2 コモン・ローの成立過程

ら構成されていた。直接受封者とは、国王から直接に領土を与えられた者である。直接受封者は領土を与えられる代わりに、国王に対して軍務を提供する義務を負っていた。Curia Regis は、常に国王とともにあり、司法、立法、行政、というような区別をせず、全体として統治機関の役割を果たしていた。今日のイギリスの統治機関はこの Curia Regis を母体として発生、分岐したと言うことができる。

もっとも、この Curia Regis も、組織全体で統治を行ってきたのではなく、大きく2つの部分に分かれて、それぞれが職務を分担していた。中心部分となるのが Magna Curia（大会議）であり、それを支えていたのが Lesser Curia（小会議）であった[48]。

Magna Curia は課税同意権も備えた強い権威を認められた組織である。この会議には、13世紀の中頃、戦争がなくなり時間的に余裕のできた騎士も地方から参加するようになり、また都市部からは有力な市民が、市民の代表として参加するようになった。やがてこの大会議は、Parliament と呼ばれるようになった。14世紀頃には、Parliament の一部は庶民院（House of Commons）に、残りは貴族院（House of Lords）になった。Curia Regis が、司法、立法、行政の全てを足したような役割を果たしていたのに対して、貴族院は、主に司法を担当していた[49]。貴族院は、現在では最高裁としての機能も果たしており Curia Regis の直接的後継と言われている。

一方 Lesser Curia は、裁判所と行政機関に分離していくようになった。直接的後継として King's Council が13世紀頃に成立し、それはやがて Privy Council（枢密院）に変化した。さらにこのうちの1つが発展して cabinet と呼ばれるようになった[50]。

---

(48) Lesser Curia は Magna Curia の内部組織と考えるのが適切で、下部組織ではない。

(49) House of Lords の貴族全員が法律に詳しい者というわけではなかったために、法に詳しい者を貴族に任命することもあった。このような貴族を Law Lords（法律貴族）と呼ぶ。

(50) なお、18世紀頃までは国王も cabinet に参加していたが、後に国王が参加しなくなり、行政機関としての性格が強くなったと言われる。

4-2-2　国王裁判所と他の地方的裁判所

　Lesser Curia から分離独立した裁判所には次の3つのものがあった。それらはそれぞれ、Court of Common Pleas（人民訴訟裁判所）、Court of King's Bench（王座裁判所）、Court of Exchequer（財務府裁判所）と呼ばれた。Court of Common Pleas は、封建時代を反映して、土地取引の問題を中心に取り扱っていたものが、徐々にその管轄権を広げて一般的な民事訴訟をも担当するようになったもので、12世紀の末頃成立した。Court of King's Bench は、13世紀末頃に成立し、国王の平和（King's peace）を維持するために、現在で言う、不法行為や刑法犯の裁判を担当していた[51]。Court of Exchequer は、14世紀はじめに、税についての業務を行う行政機関であった Exchequer が母体となって、税に関する紛争解決を行った。これらの裁判所は、国王の権限によって設置されていたので、これらを国王裁判所と呼ぶ。

　一方、イギリスの各地には、百戸邑や州におかれていた原始共同体の裁判所、領主が領内の問題について裁判を扱う領主裁判所、都市部での問題処理にあたる都市裁判所、結婚・離婚・相続といった教会が作った取り決めについて問題を処理する教会裁判所があった[52]。

　都市裁判所などでは、その都市、あるいは地方特有の法律が用いられていた。これに対して、国王裁判所で用いられた法は、全国的に共通な法、すなわちコモン・ローであった（⇒3-3参照）。つまり、ゲルマンの慣習法に基礎をおく国王裁判所で適用された法と、その国王裁判所が出した判決から導かれる判例法の体系をコモン・ローと言うのである。国王裁判所はコモン・ローを適用するから、しばしばコモン・ロー裁判所とも言われる。

---

(51)　平和（peace, truce）というのはゲルマン法に起源を持つ考え方である。例えば教会は人の生死にかかわる場所であるが、そのような場所で敵討ち（feud）や暴力を行ってはならない、ということを教会の平和（Church peace）と言う。国王の平和とは、王国内における一般的な治安を維持することである（高柳賢三『英米法の基礎』5頁以下参照）。

(52)　当時の、複雑な裁判制度については、プラクネット（イギリス法研究会訳）『イギリス法制史總説篇上』（1959）の第二部「諸種の裁判所と法曹」が詳しい。

4-2 コモン・ローの成立過程

4-2-3 国王裁判所への提訴手続

　当時、裁判は、通常は都市裁判所などの地方的裁判所で行われており、中央の国王裁判所で裁判をしてもらうためには、特別な令状（writ）が必要であった。この令状とは国王の発する命令や禁止をしるした、現在で言う行政文書である。国王裁判所で裁判を行うためには、原告は訴訟開始令状（original writ）を発給してもらう必要があった。これは、本来、地方的裁判所で行う裁判を、例外的に国王裁判所で行うために、管轄権を付与するものであった[53]。

　訴訟開始令状には原告の請求内容が記載されており、これが発給されると、州（shire）の奉行（sheriff）に渡される。訴訟開始令状を受け取った奉行は、被告のところに赴き、原告の請求を受け入れるか、受け入れない場合は国王裁判所に出頭するよう命令する。訴訟開始令状は、国王に最も近い側近である大法官（Lord Chancellor）を長とする、大法官府（Chancery）という事務所で発給されていた[54]。

　国王裁判所ではイギリス全土に適用可能なコモン・ローが行われていたから、王権を背景とした迅速で強力な救済を受けられることも相まって、領主裁判所よりも高い評価を得るようになり、利用者も増加した[55]。また大法官府は、新しい種類の事件について新しい訴訟開始令状を発給したから、それに伴い国王裁判所が扱いうる事件の種類も増加した。かくして国王裁判所における処理件数の増加と判例の蓄積により、過去と同様の事件では、例外なく訴訟開始令状が発給されるようになった[56]。

---

(53)　望月礼二郎『英米法』16頁以下参照。
(54)　大法官府は、国璽（Great Seal）を預かっており、国の文書なども保管されていた。また、大法官府を書記局、大法官を書記局長と呼んだりすることがある。大法官は、貴族院（House of Lords）の議長、内閣（cabinet）の一員、貴族院の首席判事（Chief Justice）という三権の要職を兼ねていた。貴族院は、他の国における最高裁判所としての役割も担っていたのである。しかし20世紀から21世紀の初頭にかけて、権力分立をより徹底させるための諸改革が行われ、2003年には大法官府が廃止された他、2006年からは大法官は貴族院の議長ではなくなった。またこの改革の一環として、2009年に独立した最高裁判所が設置された。
(55)　大木雅夫『比較法講義』263頁以下参照。
(56)　このような、定型的な事件においてほぼ機械的に出される令状を「もちろん令状（writ of course）」と呼ぶ。

4 コモン・ローとエクイティ

4-2-4 コモン・ローの硬直化と訴訟方式（forms of action）の形成

13世紀の中頃になると、国王裁判所が利用される機会が減少しはじめた。その理由の第1は、領主裁判所との関係の悪化である。国王裁判所の権威が大きくなり利用者数が増加すると、領主裁判所などの地方的裁判所は、利用者の減少とそれに伴う手数料収入の減少に不満を覚えるようになった。このような不満に応えるため、1258年のオックスフォード条例（Provision of Oxford）により、先例のない事例では、Curia Regis の許可なく訴訟開始令状を発給することが不可能になった。国王裁判所の利用が制限されることになった国民は、大いに不満を募らせた[57]。

第2の理由は、国王裁判所における訴訟方式（forms of action）の発展である。いかなる訴えも、まずは令状を発給してもらうことからスタートする当時の訴訟の形式が、コモン・ローの問題点として浮かびあがってきたのである。以下、具体的に検討する。

訴訟開始令状の書式や内容は厳格に定められていた。また、事件の種類によって発給される令状も異なっていた。原告は自らの請求に応じた訴訟開始令状を発給してもらう必要があり、自らの請求内容に合致する訴訟開始令状が存在しない場合は、国王裁判所において訴訟を行うことは不可能であった。さらに、訴訟開始令状が異なると、その後の訴答（pleading）の内容が異なった。訴答とは、原告が提出した訴状に対して、被告が答弁書によって応じる一連の手続である。この訴答は、原告と被告との間で事実関係や争点をある程度明確にしていく作業であるから、訴答が異なると審理の手続も異なっていたのである。こうして、請求内容に応じた適切な訴訟開始令状を選択した段階で、その後の手続や主張の内容が全て決定され、手続上の瑕疵さえなければ、判決内容までもほぼ確定するという、訴訟の方式の定型化が進んだ。こうした請求毎の手続の流れを指して訴訟方式（forms of action）と言う[58]。

---

[57] 後に、国民の不満に対応するかたちで、1285年のウエストミンスター第2法律（Second Statute of Westminster）が制定され、これにより、令状が発給される事件と類似しながらも、これまで令状が発給されてこなかった事件について、大法官が新たに令状を発給することが認められた。

[58] 例えば、契約違反に対する損害賠償請求の時は引受訴訟（assumpsit）という

4-3 エクイティの成立

　訴訟方式を遵守すること、言い換えれば定められた枠内での司法権の行使は、法の安定性にとって重要であるが、形式的安定性を重視するあまりに、国王裁判所が行使するコモン・ローでは、具体的な正義が実現されない事態も発生していた[59]。例えば、コモン・ローにおいては、捺印（deed）を付して結ばれた契約については、それが絶対的な効力を持っていた。これは捺印証書による禁反言（estoppel by deed）と呼ばれるものであり、捺印を信頼して行動する者を保護する制度である。例えばAが、Bに一定額の金銭を贈与する約束を、捺印証書をつけて行った場合、Bから捺印を付した受領書をもらわない限り、悪意で再度Bから金銭の支払いを求められてもAは対抗できないとされた。このような状況にある場合、コモン・ローのもとで捺印証書に示された約束を無効とさせる理由としては、詐欺（fraud）・強迫（duress）を主張する等の方法が考えられるが、約束が詐欺によるものかを決するための当事者尋問は、コモン・ローでは認められていなかった。外部に目に見える形で示された条件を重視し、取引の背後にある当事者の事情を斟酌しないコモン・ローの伝統的な考えでは、こうした不正義を是正することはできなかったのである[60]。

4-3 エクイティの成立

　上記のような、訴訟方式の厳格な運用に見られる極端な形式主義や、訴訟方式の固定化により、取引形態の変化に国王裁判所が対応できなかったこと[61]、国王裁判所が適用するコモン・ローに十分な救済手段がないこ

　　　方式を選択し、①契約が締結され、条件が明らかである、②約因の存在、③先履行義務がある場合の債務の履行、④契約違反、⑤損害の発生、を立証しなければならない。
(59)　もっとも、このような現象は英米法だけに見られたわけではない。ローマ法においては、法務官（praetor）が、厳格な市民法（jus civile）を、衡平の思想に基づいて柔軟に運用することによって、具体的な妥当性を確保したと言われる。その過程で承認された法理には様々なものがあるが、最も重要なものの1つはbona fideであろう。これは「信義誠実」と訳され、我が国の民法においても、基本的原理として採用されているところである。
(60)　田中英夫『英米法総論(上)』95頁以下参照。
(61)　エクイティが徐々に発展し始めた14世紀後半は、中世の封建制が崩壊し、資本制への移行がはじまった時期でもある。

とは、次第に国民の間で不満として蓄積されるようになった。また、仮に国王裁判所で訴訟が行われたとしても、訴訟の一方当事者が有力者の場合、陪審員に対する買収や強迫を行い、陪審裁判制度が正常に機能しないこともあった[62]。

　このような状況下で、何人かは、正義の源泉（foundation of justice）である国王や Curia Regis に直接請願を行い、その慈悲による救済を求めた。国王裁判所は Lesser Curia から発生したが、裁判権は依然として国王に残されていると考えられていたためである。こうした直接請願による救済の任務は、重要なものについては Curia Regis が行い、それ以外の問題は、やがて国王から正式に大法官に委託された。大法官は国王が欠席したときには国王評議会の議長を務める要職であり、かつ法の専門家であったから、自分で問題を処理することができたのである。加えて、大法官は通常聖職者であったから、他人の懺悔を聞き適切な助言を与える経験を、証人尋問に活かすことができたし、恩恵や慈悲という観念にも通暁していた。

　このように、形式の定まった厳格なコモン・ローを適用する国王裁判所の下で適切な判決が得られない場合に、大法官が、コモン・ローの形式から離れて、柔軟な判断を下して正義の実現を図るようになった。この判断は、個別の不正義の状況に対応して行われたものであるから、本来的に、衡平の観念に則っているという以外には、原理原則もなく形式性にも欠けていた。それでも、同様の不正義の状況については、同様の救済が与えられるべきであるという考えにより、次第に、大法官の判断にも形式性、法則性が見られるようになり、やがて1つの独立した法体系と見られるようになった。こうした大法官の下した判断の集積を衡平の法、すなわちエクイティ（equity）と呼んでいる。エクイティは、15世紀の前半には、コモン・ローとは独立した法体系として確固とした地位を築き、15世紀後半には、国王裁判所（コモン・ロー裁判所）から独立してエクイティを行使する大法官裁判所（Court of Chancery）が成立するに至った。

---

[62] メイトランド（トラスト60・エクイティ研究会訳）『エクイティ』3頁以下（1991）参照。これには、百年戦争（1327年から1453年）などに伴う中世の混乱期で、領主裁判所はもとより、国王裁判所でも、裁判が正常に行われないこともあったという、社会的な事情も関係していたことが指摘されている。

> 硬直化したコモン・ローによる不正義を修正するために、コモン・ロー以外の法源を用いた例としては、他に、星室裁判所があげられる。ここで取り上げた大法官裁判所が民事事件を扱ったのに対して、星室裁判所は刑事事件を扱っていた。
>
> 　もっとも、大法官裁判所を、コモン・ロー裁判所に対してエクイティ裁判所と呼ぶことはあっても、星室裁判所をエクイティ裁判所と呼ぶことは、一般的ではない。また星室裁判所は1641年に廃止されたこともあって、今日、エクイティという時には、民事上のエクイティを指している。

4-4　エクイティの領域

　以上見てきたように、エクイティとは、イギリス法の本体たるコモン・ローを補完するために発生した判例法の体系である。コモン・ローも正義や衡平の観念を全く無視していたわけではなかったから、エクイティの守備範囲は、自ずとコモン・ロー上の救済では十分ではない場合に限られた。

　具体的には、既に挙げたような、契約における詐欺や強迫、あるいは不当威圧のような、形式的には契約が有効に成立しているものの、その背後の事情に注目した時には不正義が見られるような場合をあげることができる。また、コモン・ローが命じる金銭賠償では十分な救済とならない場合もやはりエクイティ上の救済が認められた。例えば、我が国で言う特定物の売買契約が結ばれたにも拘わらず売り主が目的物を引き渡さない場合、大法官はエクイティ上の救済として、目的物を買い主に引き渡せと命じることができた。前者は、コモン・ローの形式性により逆に不利益を被る、主として社会的・経済的弱者に対して与えられた救済であり、後者は、コモン・ローの救済上の不備を補うために与えられたものであった[63]。

---

[63]　大法官府裁判所では、エクイティを実行するために、罰則付召還令状（subpoena）を発し、出頭しない被告に罰金を科したし、大法官の命令に従わない被告は、法廷侮辱罪（contempt of court）として投獄された。しかしながら、例えば上記の例で、裁判所が、直接に目的物を入手し引き渡しを行わせるという方法をとっていないことは重要である。エクイティの手続きにおいては、裁判所の権威と投獄などの威嚇を背景としているとしても、あくまで、被告人の自発的行為による解決

4　コモン・ローとエクイティ

　もっとも、エクイティは、上記2つの性格を併せ持った信託（trust）の分野もカヴァーしており、現在の、財産法分野における信託法の重要性を考えると、コモン・ローを補完するものという位置づけは不正確かもしれない。しかしながら、信託の起源であるユース（use）の制度は、第三者のために用いることを目的として他人から財産を譲り受けながらも、自らのためにその財産を使用・収益する者に対して、本来の目的にしたがって財産を利用せよ、と命じるものであった。このことは、ユースが、複数人にわたる複雑な権利関係をコモン・ローでは処理しきれないために生じる不正義を是正するためのものであることを示している。

　例えば土地に関して、自己の所有する土地を自分の息子（受益者）に相続させる場合、土地の所有者が死亡すると領主や国王がその土地を使用、または没収する中世土地法の原則の問題もあって、成人の第三者（受託者）に土地を譲渡し、息子が成人した後に、息子が土地を所有するという手続が行われた。この場合、いったん、土地が正式に第三者の手に渡った以上、息子が、その土地を要求することはコモン・ロー上認められていなかった。このような場合に、大法官は、衡平の見地から、第三者に対して、土地を引き渡すように命じていた。

　このようなことが可能と考えられたのは、大法官が聖職者だったことが大きい。従来、教会に土地を寄進しようとする者は、直接的に土地を所有できない教会のために、第三者に土地を譲渡し、譲渡された者（受託者）が土地を自由に教会（受益者）に使用させることによって実質的な土地の所有権を与えていた。聖職者は、土地を寄進しようとする者（委託者）の意思に反して土地を利用する受託者がいる場合に、その職権で彼を破門にするなどの処分を与えていた。大法官は、こうした聖職者としての経験を十分に活かして、衡平や正義の実現という見地から、コモン・ローの不備を補っていたのである。

　という形をとっているのである。エクイティは対人的に働く（Equity acts *in personam*.）という表現が存在するのはこのためである。

4-5　現代におけるコモン・ローとエクイティの融合

　エクイティの黎明期には、コモン・ローとエクイティの区別は、それらを扱う裁判所の違いということもできたが、現在においては妥当ではない。イギリスでは1873年の最高司法裁判所法（Supreme Court of Judicature Act 1873）により大法官府裁判所は国王裁判所と統合されたし、アメリカにおいても、一部の州においては分離した状態になっているが[64]、全体的には統合されたと見てよい[65]。これは、エクイティ裁判所でまず権利を確定させた上で、コモン・ロー裁判所で本訴を提起するというような不便を解消させることに大いに役立った。裁判所の統合とともに、手続法の統一も進められた。

　このコモン・ローとエクイティの融合に大きく貢献したのは、アメリカで1848年に成立したフィールド法典（Field Code）である[66]。この中では、コモン・ローとエクイティの手続きが融合されたのみならず、複雑な訴訟方式の区別が廃止され、新たに民事訴訟（civil action）という訴訟方式に一本化された。これにより、これまでに見てきた複雑な訴訟手続は大幅に簡略化されることになったのである。

　それでもなお、コモン・ローとエクイティの区別は、陪審裁判（⇒第5章参照）との関係で重要である。合衆国憲法第7修正の文言に見られるように、陪審裁判はコモン・ロー上の訴訟において利用できるものであり、エクイティ上の訴訟は、アメリカのわずかな州[67]を除いて、陪審裁判が利用できない[68]。

---

(64)　デラウェア、ミシシッピ、テネシーの3州では、エクイティ裁判所（Chancery Court）が残されている。
(65)　田中和夫『英米法概説』269頁以下参照。
(66)　ニューヨーク州でFieldを中心に行われた、法典編纂活動の成果としてまとめられたものである。法案には民法、刑法、民事訴訟法、刑事訴訟法の4法が含まれていたが、ニューヨーク州議会は2つの訴訟法を採択するにとどまった。しかしながら、民事訴訟法の評価は極めて高く、他の州のみならず連邦民事規則にも強い影響を及ぼした。上記のイングランドにおける最高司法裁判所法も、フィールド法典に影響を受けたものであり、通常フィールド法典と言う場合は、この民事訴訟法を指している。
(67)　ジョージア、ノース・キャロライナ、テネシー、テキサスの4州。
(68)　星室裁判所の廃止とともに、刑事事件に関するエクイティが認められなくなっ

5　陪審裁判制度

5-1　陪審裁判制度の概要

　英米法の重要な特徴をなす陪審裁判制度は、英米法に、とりわけアメリカ法に大きな影響を与えている。ここでは、陪審裁判制度の概略を説明しながら、その影響を検討してみる。

　一般に、「法律問題は裁判官に、事実問題は陪審に」[69]という表現が示すように、陪審は、訴訟における事実認定を行っている。すなわち、法廷に提出された証拠や、法廷で行われた証人尋問を通じて、陪審員は、何が事実であったかを判断する。そしてその事実に法を適用し、最終的な判断を行うのである。

　法を適用するためには、陪審は法がどのようなものであるかを理解しなければならないが、法の問題を陪審に伝えるのは裁判官の任務である。裁判官は説示（instruction; charge）において何が法であるかを陪審に伝え、陪審が認定された事実に説明された法をあてはめ、最終的な結論を得るのである[70]。裁判官の説示により、法は、常に、素人である陪審員にもわかるような形で説明され、また新しい法も、この説示を前提として、極めて難解な文言となることが避けられるようになったといわれる。

5-2　大陪審と小陪審

　陪審は大きく2つにわかれる。1つは大陪審（grand jury）と呼ばれるもので、もう1つは小陪審（petit jury）である。これらは人数と役割がそれ

たことから、刑事事件はコモン・ロー上のものとされている。ただし、刑事事件がコモン・ロー上のものであっても、軽微な事件について陪審裁判が行われるかどうかはまた別の問題である。

(69)　田中和夫『英米法概説』225頁。

(70)　言い換えれば、この説示が正しくなされなければ、陪審は正しい判断ができないことになる。説示において何をどのように説明するかは当事者の重大な関心事であるし、司法制度に対する信頼を高める上でも、説示の内容は適切なものでなければならない。そこで多くの州では、具体的な事件においてどのような説示を行うかを、説示集として定めており、インターネット上においても公開されている。例えば、カリフォルニア州の説示は、http://www.courts.ca.gov/partners/documents/calcrim_juryins.pdf（last visited at 7/8/2014）で確認できる。

5-2 大陪審と小陪審

それ異なっている。

　大陪審は、刑事事件において、起訴するかどうかを決定する陪審である。人数は州によって異なるが 12 人から 23 人の間で構成されている。起訴の決定には、州によって異なるが、およそ大陪審の半数以上の賛成が必要である。大陪審のことをその役割との関連で起訴陪審という場合もある[71]。

　これに対して小陪審は、刑事事件のみならず、民事事件においても活躍する。通常、陪審という時はこの小陪審を指す。小陪審は、12 人の陪審から構成され[72]、法廷において提出された証拠や両当事者が行う証人尋問をよく聞き、事実認定（finding the facts）を行う。

> 【大陪審と小陪審】
> ① 大陪審（Grand Jury）→起訴陪審とも言う。12〜23 人で、起訴の決定を行う。過半数の賛成で起訴。現在イギリスでは行われていない。
> ② 小陪審（Petit Jury）→法廷で、証人のやりとりを聞いて、事実認定を行う。12 人（例外あり）で、全員一致で有罪・無罪を評決（例外あり）。

　陪審の行う決定を評決（verdict）というが、評決に達するには、陪審員同士の評議（deliberation）を経て、刑事の場合は原則として全員一致の結論に達しなければならない[73]。民事陪審でも、12 人以下の陪審や、全員

---

(71) イギリスにおいては、1933 年に大陪審は廃止された。現在では、公訴をチェックする機能は予審判事（magistrates）による予備審問（preliminary examination）によって果たされている。なおこの大陪審は司法手続ではないことに注意。具体的には、大陪審においては、被疑者は出廷する権利を認められていないし、事実審理での証拠法も適用されない。従って、仮に違法に収集された証拠によって審理が行われても、起訴自体は違法にならない。

(72) See Fed. R. Crim. P. 23 (a)（陪審の人数を 12 人と規定）. See also Williams v. Florida, 399 U.S. 78（1970）（刑事 6 人制陪審を合憲と判示）, Ballew v. Georgia, 435 U.S. 223（1978）（刑事 5 人制陪審は違憲と判示）.

(73) See Fed. R. Crim. P. 31 (a)（全員一致要件の規定）. But see Johnson v. Louisiana, 406 U.S. 356（1972）（州の刑事事件において、12 人中 9 人による有罪評決を合憲と判示）.

5 陪審裁判制度

一致の原則の緩和が行われているが[74]、少なくとも、刑事陪審においては、12 人制と全員一致要件は、刑事の死刑事件においては全員一致が要求されている点からみても、多くの法域において、いまだ本則として堅持されていると見てよいだろう。

5-3 陪審裁判制度の起源

フランク王国では、9 世紀には国王が地域の重要な人物を証人に呼ぶ制度が行われていたが、この制度がノルマン・コンクウェストによりイギリスに持ち込まれた[75]。この制度は、その土地における国王の権利や財産を確定し、国王による統治の基礎を築くために行われたものであるから、いわば国王による行政手続の一種であって、司法的な側面は認められない。しかし、地域の住民を召還して審問（inquest）を行う手続が、後にイギリスで、その土地での犯罪を告発する方法として用いられるようになり、これが大陪審の起源となったことからみて、陪審の起源はこの審問手続にあると見てよいだろう。

ノルマン・コンクウェスト以前からイギリスで行われていたゲルマンの原始的な裁判方法として、宣誓、神判、人証、書証がある。ノルマン人によって持ち込まれた決闘を含めた、これらの 5 種類が、当時の主な裁判方法であった。言い換えれば、陪審が用いられるのは、ごく限られた事件であって、司法手続の一環として、現在のような陪審制度が整備されるのは、もう少し後のことである。

ゲルマンの原始的な裁判のうち良く知られているのは神判であろう。これは神明裁判（trial by ordeal）とも言い、我が国では盟神探湯（くかたち）という訳語で知られている。この方法の代表的なものとしては、熱した鉄の棒をつかみ、後日、火傷を負っていなければ無罪としたり、体をひもで縛って水に沈め、浮かんだら無罪とするなどの方法があった。こうした原始的裁判方法は、ノルマン・コンクウェスト以降も、特に領主裁判所などの地方的裁判所で認められていた[76]。

---

(74) See Fed. R. Civ. P. 48（陪審は 6 名から 12 名で構成されると規定）.
(75) 田中和夫『英米法概説』235 頁以下、田中英夫『英米法総論（上）』73 頁以下参照。
(76) また、変わった方法としては、1 オンス（約 28 グラム）のチーズ、またはパ

他方、中央の国王裁判所では、地域の住民を審問する手続が司法手続として導入され、それはやがて国王のみならず市民が利用できるものとなった。市民が不動産の権利について争う訴訟において、自らの権利を証明できる者を一定数集めて、その者が土地の帰属について最終的な決定を下すようになった。こうした裁判方法をアサイズ（assize）という。アサイズで集められた人間は、事実認定者というよりも証人として活動したが、国の官吏や職業裁判官以外の者が、紛争処理において決定的な役割を果たしている点で、現在の小陪審に近い性格を持っていたと言える[77]。

　17世紀以降は、陪審制度は、上のような証人的性格を持った集団から、証人兼審判者としての性格を持つようになり、18世紀後半から19世紀にかけては、完全に審判者として活躍するようになった。これは侵害訴訟（action of trespass）と呼ばれる、現在の刑事事件や不法行為に該当する事件において、陪審を利用していたものが、徐々に、侵害訴訟から派生した別の訴訟方式（⇒4-2-4参照）にも利用されるようになったものである。この種の訴訟は国王裁判所（⇒4-2-2参照）で行われており、コモン・ローを実践していたことから考えて、侵害訴訟で活躍した陪審が、現在の小陪審の原型とみて良いだろう。

5-4　アメリカにおける陪審制度

　イギリスの植民地であったアメリカでは、陪審裁判は、植民地人が構成する裁判として極めて重要な意味を持った。当時イギリスがアメリカに対して重税を課すなどの圧政をしていたこともあって、植民地に住む人間が、本国イギリスの指示を受けずに独自に裁判を行うことによって、独立の機運を高める重要な要因となったのである。

　　ンに羽毛を忍ばせ被告人に丸呑みさせた。そして無事に飲み込むことができれば勝訴した。高柳賢三『英米法の基礎』63頁以下。

(77)　もっとも、自己の知っている知識に基づいて土地の所有権を決するアサイズに対して、現在の陪審は、当事者から提示された証拠（証言を含む）から事実は何であるかを決定する。陪審員のことをしばしばlay assessorとかlay fact finderと表現するのはこのためである。また、アサイズの制度は土地の取り戻しに関する訴訟で用いられたにすぎず、16世紀頃には事実上廃止された（正式の廃止は1833年）ので、これを、陪審の直接の前身とするのは一般的ではない。

5　陪審裁判制度

　アメリカにおける陪審のこうした性格を特徴づける事件としては、1735年のジョン・ピーター・ゼンガー事件（John Peter Zenger）があげられる[78]。当時、新聞は管理されていたために自由な政治批判が不可能だったが、ゼンガーは、週刊新聞（The New York Weekly Journal）を英国市長の許可なく発行し、植民地の総督、ウイリアム・コズビー（William Cosby）による圧政を批判した。そこで、コズビーはゼンガーを有罪にして新聞を廃刊に追い込もうとした。ゼンガーは文書による誹謗（正確には治安妨害煽動罪（seditious libel））を理由に、当局から2度にわたって審問されたが、大陪審は2度とも不起訴処分にした。それでもコズビーは、司法長官と参議会を利用して、内紛、暴動を策謀したという理由でゼンガーを逮捕、勾留した。しかし再び、友人や弁護士アレクサンダー（James Alexander）の助けを得て、ゼンガーは釈放された。後に、大陪審が再びゼンガーを起訴することを拒んだために、司法長官は独自に、煽動的文書誹謗にあたる記事を印刷、発行した容疑で略式起訴状を提出し、いよいよ陪審裁判にかけられることになった。

　ハミルトン（Andrew Hamilton）が弁護団に加わり、裁判において、冒頭で事実関係について認めるものの、文書の真実性について陪審が判断するよう陪審を説得した。本来、誹謗性は裁判官が決定することで、本件においては、事実関係が認められれば文書誹謗となることはほぼ間違いがなかったが、それでもあえて、ハミルトンは、文書の真実性の判定を陪審の任務であると力説した[79]。裁判官は、陪審にゼンガーを厳罰に処するように指示し、その指示に背いた場合は陪審も処分の対象になるという威嚇を行った。しかしながら、植民地人によって構成された陪審は、ゼンガー無罪の評決を下したのであった。

　アメリカが独立を果たした後も、植民地人の自由を守り抜いた陪審裁判

---

[78]　ピーター・ゼンガー事件については、奥平康弘『「表現の自由」を求めて―アメリカにおける権利獲得の軌跡』（1999）を参照。

[79]　ここでは、専制に抗して行われた真実の発言であるならば、それは名誉毀損にはあたらないという主張をした。当時、真実であっても名誉毀損が成立したから、ハミルトンは、アメリカで最初の陪審による法の無視（⇒5-6参照）を主張したことになる。

の意義は高く評価され、現在でもなお、合衆国憲法で権利として保障されている[80]。こうした点は、イギリスでは民事陪審が制限の方向に向かったことと対照的と言うことができるだろう[81]。

5-5　陪審裁判制度の影響

5-5-1　集中審理方式

陪審員は、それぞれが普通の市民であるから、その任務のために長期間拘束されることを好まない[82]。また、開廷日の間隔が長くなれば、証拠調べについての記憶が薄れる可能性もあるし、その間に、外部の影響を受けることも懸念される。そのため、証拠調べや尋問が長期にわたることの無いように、集中審理方式が採用されている。

5-5-2　証拠開示手続の発達

証拠調べが短期間に集中して行われるため、予想外の証人や証拠による不意打ち（surprise）は、当事者にとって致命傷となりかねない。そこで、不意打ちの防止と十分な訴訟準備のために、事実審理前に、両当事者が情報や証拠を開示する、証拠開示手続が発達した[83]。また、この手続により、事実審理に進んでも勝訴の見込みがないとわかれば、早期に、有利な条件で和解することも可能である[84]。

---

(80)　刑事陪審について、合衆国憲法修正5条、修正6条は「大陪審による告発（presentment）または正式起訴（indictment）がなければ公訴を提起されない（修正5条）」、「被告人は、犯罪が行われた州及び地区の公平な陪審（impartial jury）による、迅速で公開の裁判を受ける権利を有する（修正6条）」とされ、民事陪審について、修正7条で「係争額が20ドルを超えるコモン・ロー上の訴訟において陪審裁判を受ける権利を有する」とされる。

(81)　1933年の法律により、民事事件において権利として陪審を利用できるのは、名誉毀損事件（libel, slander）や不法監禁（false imprisonment）、詐欺（fraud）などの一部の事件に限定された。

(82)　そこで、まず陪審員として出廷するものに対して、雇用者は、陪審員として職場を休むことを理由に解雇してはならない、と法律で定められている。

(83)　See Fed. R. Civ. P. 26-37（証拠開示の具体的方法について規定）.

(84)　このことは結局、当事者にとっての訴訟費用の節約となるばかりか、無駄な陪

5　陪審裁判制度

5-5-3　民事手続への影響

　陪審裁判は、当事者の主張する事実に争いがある場合に行われる。言い換えれば、事実関係について当事者が合意しており、法律の解釈のみを争っている場合、法律問題の専門家として、裁判官が判断を下すことになる。

　そこで、陪審にゆだねるべき、重要な事実に関する真正の争点（genuine issue of material fact）の有無を、訴答手続（pleading）[85]で確認し、ない場合には早期に訴えの却下を申立てたり（motion to dismiss for failure to state a claim upon which relief can be granted、または単に demurrer）[86]、略式判決（summary judgment）[87]により、早期に解決させる制度が整えられた。

　陪審は、評議室において、裁判官や当事者から完全に独立して評議を行うが、陪審に対する裁判官のコントロールが全くない訳ではない。法廷で提示された証拠から見て、合理的な陪審（a reasonable jury）であれば、原告（あるいは被告）勝訴の評決に至るに違いないと確信するとき、裁判官は、当事者からの申立てに基づき、法律上当然の判決（judgment as a matter of law）を下すことができる。これには、指図評決[88]や、評決無視判決[89]といった制度が認められており、特に後者は、陪審員による、明ら

　　　審裁判を省くことができるという意味で、司法経済に対しても積極的な側面を有している。
(85)　See Fed. R. Civ. P. 7-8.
(86)　See Fed. R. Civ. P. 12.
(87)　See Fed. R. Civ. P. 56. なお、訴答段階での訴えの却下と略式判決は、ともに陪審による証拠調べを経ない点で共通するが、略式判決は、少なくとも訴答でまとめられた当事者の主張と証拠開示で得られた証拠に基づいている点で異なっている。訴え却下の申立ては、例えば、原告が主張していることは全て事実であるが、訴訟原因をあげていないとか、すでに時効が成立しているなどの、形式的側面に注目して判断するものである。
(88)　See Fed. R. Civ. P. 50 (a)（事実審理が開始され、原告の主たる証明が終わった時点、あるいはそれ以降に、原告の主張を裏付ける事実の証明がなされなかったので、自動的に自分（被告）が勝訴すると申立てるもの）.
(89)　See Fed. R. Civ. P. 50 (b)（敗訴した当事者が、合理的な陪審であれば、自らを勝訴させるはずであるとして、陪審の評決を無視して自分を勝訴させる判決を下すよう申立てるもの）.

5-5 陪審裁判制度の影響

かな評決の誤りを裁判官が正すことができるようにしているのである[90]。

5-5-4 法廷技術と証拠法の発達

　陪審が事実認定を行うということは、陪審を説得しなければ勝訴の見込みはないということでもある。このことは、英米の司法制度が当事者対抗主義（adversary system）[91]を採用していることも相まって、英米の法律家（特に訴訟を担当する弁護士（litigator））に、陪審の面前で、いかにうまく証人尋問を行い、証拠を示し、弁論で陪審を説得するかという、法廷技術に関心を持たせることになった。この点は、主として書面のやり取りと朗読が証拠調べの大半を占める我が国の（特に民事の）訴訟と比べて、大きな違いであると言ってよい。

　一方、陪審が正しい事実認定に到達できるように、その評決の基礎となる証拠は、適法で、また洗練されたものでなければならない。そこで、不必要な証拠や、証拠上の価値が低いとされる伝聞証拠を排除するなどの、証拠の提出のための規則が定められることになった[92]。証人尋問の規則として代表的なものとしては誘導尋問に関する規則があげられる。弁護士は、自らの証人に対して誘導尋問を行うことは許されないが、相手方の証人に対しては誘導尋問を認められている。これは、誘導尋問を通して、相

---

(90)　ただし、陪審の評決が、被害者に対する同情心や偏見に影響されたと見られる場合であっても、手続上重要な瑕疵がある場合（例えば、陪審の評決が、裁判官が無視するよう指示した伝聞証拠に基づいている場合）しか陪審の評決は覆らない。なお、裁判官の説示に誤りがあった場合は、説示の誤りのために陪審の評決もまた誤ったものになるという考えで、上訴審で覆ることがある。しかしながら、一般的には、陪審の評決は上訴審によって再検討されず、陪審の判断が尊重されるのが通例である。

(91)　対審制度とも言う。訴訟を、対立する当事者間の主張の場と見る考え方である。当事者対抗主義の下では、裁判官は、いわば競技における審判の役割を果たしているにすぎず、必要な主張・立証を行う責任は当事者にある。これに対して、大陸法諸国では、職権進行主義や職権探知主義という言葉で表現されるように、裁判官による糾問的性格があると言われている。ただし、英米においても、裁判官が職権で真実発見のための尋問を行うことが制度上許されていることからみて、こうした区分は、相対的・理念的なものであることに注意しなければならない。

(92)　例えば、連邦証拠規則（Federal Rule of Evidence）にまとめられている。

手方の証人やその証人の証言の信憑性に疑問を投げかけようとするものである。

5-6　陪審による法の無視 (jury nullification)

陪審は、しばしば、裁判官の説示を無視して、独自に評決を下すことがある。具体的には、法律上は有罪となるよう事実認定をしながらも、被告人を無罪とするような場合である。これを、陪審による法の無視と言う。

法の無視が行われる場合としては、①法自体が不道徳、または不人気である、②既に、十分な(社会的)制裁が加えられている、③被告人を有罪とすることが、著しく正義感情に反する場合、などがあげられる。

陪審裁判において、法の解釈は裁判官に委ねられた事項であり、裁判官が説示において説明した法の解釈を超えて行動することは、本来許されないと見るべきである。それにも拘らず、陪審による法の無視はしばしば行われてきた[93]。このことの積極的な側面は、法解釈や法実務における民意の反映であろう。すなわち、検察官や、また有権的に法を解釈する裁判官といえども政府の官吏であり、彼らの解釈が、具体的な場面において政府側に極端に有利であったり、市民感情からかけ離れたものとなる可能性は否定できない[94]。陪審による法の無視は、このような事態に対して、常識や良心に基づく判断という形で、法の解釈に民意を注入しようとするものと言うことができる。もっとも、こうした積極的な評価は、民意の反映という美名の下に、法的安定性を低下させ、無秩序、大衆迎合を招くも

---

[93]　陪審の、このような権限が何に由来するのかは、制定法によって明らかにされるわけではないが、有罪(あるいは無罪)を決定する陪審の権限に伴うものであると説明される。詳細について、丸田隆『アメリカ陪審制度研究―ジュリー・ナリフィケーションを中心に』(1988) を参照。

[94]　こうした点の好例として、現在議論されている、医療目的の薬物利用の問題をあげることができる。例えば、Richard Paey は自身の身体障害に起因する激痛を緩和するために鎮痛剤を処方されていたが、やがて規定量では効果がなくなり、日常生活にも支障をきたすようになった。そこで、偽の処方箋を用いて規定量を超えて鎮痛剤を入手したところ、規定量以上の規制薬物について単純所持でも処罰するフロリダ州法により懲役25年の刑を言い渡された。しかし支援者の運動が実り、3年間服役した後に釈放された。Jamal Thalji, *Full Pardon Begins to Ease Man's Pain*, St. Petersburg Times, Sept. 21, 2007 at 1A.

5-7　陪審裁判の評価

のといった批判の裏返しであり、現在でもなお、議論が続いているところである(95)。

5-7　陪審裁判の評価

　我が国では、法的訓練を積まない街の素人による判断よりも、難関である司法試験を優秀な成績で合格した裁判官による判断の方が信頼できるとする見方が強く、米国で特に注目が集まった事件について、しばしば無罪の評決が出ていることもあって、陪審制度に対する評価は決して高いとは言えない状況にある(96)。

　これに対して、米国においては、陪審制度の問題点が指摘されることがあっても、全体的傾向としては、陪審制度が信頼されていると言ってよい状況にある。その理由として、陪審制度の民主主義的意義や、市民の司法参加による公民教育という側面が強調されたり、ゼンガー事件に見られるような自由の最後の砦としての側面が注目されることがあるが、ここでは、陪審は間違えるか、という点を検討する。もし陪審の判断が間違いだらけであるならば、街の素人を裁判に参加させる意義はないはずである。

　検討の手がかりとして、この問題に関する古典的研究として知られる、カルヴァンとザイセルの『アメリカの陪審(97)』を取り上げる。それによ

---

(95)　民意に注目する議論の中には、法は支配層たる白人が制定したものであるから、凶悪事件以外では、黒人の陪審に黒人の被告人を無罪にすることが認められるべきだと主張するものもある。See Paul Butler, Essay, *Racially Based Jury Nullification: Black Power in the Criminal Justice*, 105 Yale L.J. 677 (1995). このような議論には強い反論もあって（See Andrew D. Leipold, *The Dangers of Race-Based Jury Nullification: A Response to Professor Butler*, 44 UCLA L. Rev. 109 (1996))、全面的に支持されているとは言いがたい。しかしながらこうした議論は、一見、公正にみえる法規範や法制度が、特定の集団に不利益をもたらすことがあり得ることを告発するものであり、陪審による法の無視の機能は、このような、現実にあわせた微調整を可能にする点にあるとも言えるだろう。

(96)　1992年の服部君射殺事件、1994年O.J.シンプソン事件、2005年マイケル・ジャクソン事件では、有罪の疑いが強かったにも拘らず、被告人は全て無罪評決を受けた。我が国のメディアの論調は概ね陪審評決に否定的であり、素人による裁判という危うさが強調された。

(97)　Harry Kalvan, Hans Zeisel, The American Jury (1966).

れば、陪審の判断と裁判官の判断の一致率は約78パーセントとされている。問題はこの数字をどのように理解するかであろう。何の訓練も積んでいない陪審が7割以上の確率で裁判官の意見と一致するという意味で、陪審の能力は意外に優れていると理解することができる一方、全体の3割弱は間違った判断を下しているという見方もあり得る。

　この点、我が国の最高裁は、裁判員制度に関する議論において、陪審の事実認定能力に疑問を差し挟む形で30パーセントの数字を取り上げたことがある[98]。しかし『アメリカの陪審』が、陪審制度を積極的に評価していることを考えると、このような引用が適切かどうかは疑問が残る。加えて、より重要な問題は、こうした見方は「陪審は間違うが、裁判官は間違わない」という暗黙の前提に基づいていることである。裁判官といえども誤判の可能性は存在するのであり、また、事案によっては、被告を有罪とするか無罪とするか非常に難しい場合があることを、我々は経験的に知っている。従って、陪審と裁判官の判断の不一致を理由に陪審の事実認定能力が欠けていると見ることはできないことに注意する必要がある。

　また、陪審は、しばしば有罪と目されている被告人を無罪とすることがあるが、そのような場合でも、直ちに陪審の無能力を推定することには慎重でなければならない。刑事事件においては、全ての立証責任は検察側が負っており、その証明は、合理的な疑いを超えた証明（beyond a reasonable doubt）でなければならない。真実、被告人が潔白であると確信しえる場合に加えて、検察側の証明が十分でない場合も、やはり陪審は無罪評決を下すのであるから、有罪と推定された被告人の無罪評決は、陪審が、刑事訴訟法上の原則を遵守したにすぎないことになるからである[99]。

　もっとも、どのような難事件でも、陪審は十分に適切な判断をなし得ると理解されている訳ではない。とりわけ、ある種の商事法関係の訴訟にお

---

(98)　最高裁判所「国民の司法参加に関する裁判所の意見（抜粋）」。この意見はhttp://www.saibanin.courts.go.jp/shiryo/pdf/24.pdf で入手できる。

(99)　また、民事事件においては個人の被告よりも企業である被告に、通常人よりも専門家の被告に厳しい結果となることが多いことが指摘されるが、これについても、企業の責任をより重く見る企業責任の考え方や、専門職に対して高い責任を求める考え方に符合したものであって、陪審の無能力に起因するものという見方は、必ずしも一般的ではない。

5-7 陪審裁判の評価

いては、問題となる商慣行が長期間にわたって行われているとか、専門的に処理される膨大な量の会計書類に目を通す必要がある。この点につき、そのような複雑な訴訟（complex litigation）を、専門的能力を欠く陪審に委ね、それにより損害賠償責任を課すことは、合衆国憲法修正 5 条、修正 14 条が保障する適正手続に違反するとした判例が存在している[100]。すなわち、修正 7 条の民事陪審を受ける権利よりも、修正 5 条、修正 14 条が要請する、公正な裁判を受ける権利の方が勝るということである。

近年、知的財産法に関する訴訟の件数が増大しており、やはり複雑な訴訟における陪審の能力が問題になっている。陪審に委ねるべき事実問題（a matter of fact）の範囲をどのように限定すべきかについても議論が積み重ねられている[101]。

---

[100] *In re* Japanese Electronic Products Antitrust Litigation, 63 F. 2d 1069（1980）.
[101] *See* Markman v. Westview Instruments Inc., 517 U.S. 370（1996）.

第Ⅱ部　合衆国憲法の成立

6　植民地期のアメリカ

6-1　アメリカへの入植

　ヴァージニア州に最初の植民地が建設されたのが1607年であり、以降の約170年間がアメリカの植民地時代にあたる。ヴァージニアの最初の植民地は、Virginia Company of London により建設されたものである。後の1620年には、メイフラワー号に乗った分離派のピューリタンが、現在のマサチューセッツ州にある Plymouth に植民地を建設した。

　これら2つの植民地は、当時の植民地の大まかな特徴を示している。すなわち、北部の植民地は、本国であるイギリスで迫害されてきた人々（ピューリタン）によって建設されたのである。多くの場合、彼らは経済的に貧しく、政治的には反イギリス的傾向が強かった。また北部地域は寒冷のために農業に適さなかったので、彼らは南部で栽培された作物を利用して工業を行ってきた。

　一方南部は、本国から植民地経営のために派遣されてきたエリートが多く、経済的にも恵まれていた。南部は温暖な気候を利用して、綿花や茶やたばこの栽培を行ってきた。また、政治的には、本国から派遣されてきたために、親イギリス的傾向が強かった。

6 植民地期のアメリカ

> 【植民地期のアメリカの特徴】
> 北部：貧しい
> 　①本国で迫害されてきた人（ピューリタン）
> 　②寒いので農業には向かない。南部の作物を利用して工業を行う
> 　③反イギリス的傾向
> 南部：豊か
> 　①本国から派遣されてきた人（エリート）
> 　②温暖な気候を利用して、茶・綿花・たばこの栽培
> 　③親イギリス的傾向

6-2 イギリス法の継受

6-2-1 初期の拒否

　植民地人には、ドイツ系、北欧系も含まれていたが、その中心はイギリス人であったから、植民地時代のアメリカにおいて、イギリスの法制度の多くが輸入されたのは自然の成り行きであった。しかし、その受容の過程は単純なものではなかった。

　植民地で実施される法について、イギリスでは、未開の地をイギリス人が発見し、植民をした場合は、適用可能な限り、即時にイギリス法が実施されるが、征服、割譲によって手に入れた土地に対しては、そこで既に実施されていた法が存続することとされていた。国王はその法を修正し変更することができるが、それでもそれ以外の部分については、その土地で既に行われていた法が実施されるのである。アメリカは未開の土地に対する入植であるから、そこではイギリス法が実施されるはずであった。

　しかしながら、このようなコモン・ロー上の原則があるにも拘わらず、実際には、イギリス法が植民地に急速に広がるということは起こらなかった。その理由としては、①植民地人の反イギリス的感情と、②イギリスとアメリカの環境の違いによるところが大きい。

　植民地人は、とりわけ北部の植民地人は、イギリスの囲い込み運動により都市部に流出した農民をはじめとして、経済的に行き詰まった人々や、イギリスが国教を定めたことにより宗教的少数者の地位に追いやられた

6-2 イギリス法の継受

ピューリタンが多かった[102]。

また、既にある程度成熟した社会を前提としたイギリス法は、未開の地であったアメリカの植民地に適用させるには無理があったことが挙げられる。当時のイギリス法は、経済の発展に対応した、土着の慣習法というよりもかなり複雑に発展した技術的な法という性格をもつようになっていた。しかし、そのような高度で複雑な法を扱うための専門知識を身につけた法律家が移民としてアメリカに来ることは稀であった。当然、アメリカに輸入された法律に関する資料や文献も乏しいものであった。

このような事情のために、法律の素人では、法律実務に携わることができず、実際の紛争解決に役立っていたのは、植民地人が本国において経験していたかつての慣習法であった。そして、それぞれの植民地人が、その植民地の実状に合わせて、慣習法を形成・発展させ、そのうちのいくつかはその植民地における正式の法律として、法典化されることになった。このように、当時のアメリカには、植民地や地域ごとに異なる法（特に慣習法）が存在する状況であった[103]。

6-2-2 イギリス法の継受の確定

こうしたイギリス法の拒否は長く続かなかった。植民地時代の後期にな

---

[102]　ピューリタンが、アメリカ法に、とりわけイギリス法の継受においておよぼした影響は極めて大きいものがある。Pound は、著書 The Spirit of the Common Law の中で、ピューリタンが信じる個人主義とアメリカ法の影響について1章を割いて説明しており、例えばエクイティの継受が遅れた理由は、個人主義に由来する自己責任原則が、現在で言う不当威圧（undue influence）や非良心的契約（unconscionable contract）として扱われる問題に対してエクイティが与える救済の考え方（＝弱い立場にいる者の保護）と矛盾するからであると説明する。Roscoe Pound, The Spirit of the Common Law 53 (1921). また、砂田・新井編『英米法原理』55 頁以下、田中英夫『英米法総論(上)』196 頁も参照。

[103]　例えば、イギリスでは家畜が他人の土地に侵入して損害を与えた場合、一般的には、家畜の買い主に厳格責任が課せられる。しかしアメリカでは、東部においてはイギリスと同様の原則が採用されたが、中部や西部では過失責任が採用されていた。これは、東部においては土地に希少性が認められ、かつ、農業であれ、工業や商業用であれ、土地の経済的価値が重視されていたからである（平良編著『教材アメリカ法入門』111 頁（1967）参照）。

ると、次第にイギリス法が継受されるようになった。これは、時代が進むに従って、植民地においても産業が発展し、社会が複雑になったため、慣習法を基礎とする当時の植民地の法では対処しきれないという問題があったからである。またイギリス法は複雑な社会や、そこで生じる紛争の処理に適していたことに加えて、言語の上でも、翻訳を必要としなかったために、スムーズに輸入することが可能だった。こうした事情で、イギリス法に関する資料や文献も増加し、その増加に伴いイギリス法を学んだ法律家の数も増加してきた。

さらに植民地時代の終期に特に重要なことであったが、植民地と本国との関係において、国王に請願する場合などに、イギリスの法制度に則った形で請願を行った方が有利であった、という事情をあげることができる。本国との抗争が激化したときには、植民地や植民地人を冷遇する法律ができたが、その際にも、植民地人は、イギリス臣民に対して認められるべき権利を保護するよう要求したのであった。

6-3　本国との抗争

6-3-1　重商主義政策

重商主義政策を採っていた当時のイギリスにおいては、植民地支配もまた、重商主義の観点から行われていた。すなわち、本国イギリスにとって、植民地であるアメリカが経済的な利益をもたらしていた間は、比較的穏健な態度がとられたが、アメリカの利益と本国イギリスとの利益が相反するようになると、次第に、その支配を強めていくようになったのである。

植民地時代の初期においては、植民地としてのアメリカは、本国イギリスにとって食料や材料の供給地となることが期待されていた。そしてその輸出入においては、財貨ができる限りイギリスに流入するように計画され、植民地での製造工業はイギリスに利益をもたらすように行われ、植民地の経営もイギリスの商人によって独占的に行われてきた。

このような重商主義政策を実行に移すために、例えば、輸出入においては全てイギリスの船舶を用いて、イギリスの港を通じて荷揚げがなされなければならない、と定める航海法（Navigation Acts）などが制定されてい

6-3 本国との抗争

た(104)。しかしながら、これらの法律は、植民地が本国に利益をもたらしている間は、さほど厳格には適用されなかったために、植民地内での反発はそれほど大きなものではなかった。このような、植民地時代初期における、本国の緩やかな法執行の様子をさして、「光栄ある無視（怠惰）（salutary neglect）」と言う。

ところが、本国が7年戦争（フレンチ＝インディアン戦争）に勝ち、フランスから広大な土地を取得すると、その土地で植民地を経営し、かつ治安維持のために軍隊を派遣する必要が生じた。本国はその費用を捻出するために、従来の重商主義政策を強化し、収入を上げるための法執行も厳格に行うようになった。

また新たな法律を制定し、収入の強化がはかられた。その中心となったのは、1764年の砂糖法（Sugar Act of 1764）と1765年の印紙税法（Stamp Act of 1765）であった。前者は砂糖やコーヒーなどの関税の引き上げ、後者は、新聞や法律文書、証券などについての印紙税を新設した。それまで相当の自治が進んでいた植民地にとって、これらの立法は植民地の自治を脅かすものと考えられた。特に、印紙税法は、関税という形でなく、植民地内での商取引などに直接課税する内部税であり、植民地人が本国の議会に代表を送っていない以上、イギリス憲法上の重大な原則の1つである「代表なくして課税なし（No taxation without representation）」の原則に反する、という批判が起こった。印紙税法は1766年に廃止されたが、この法律は、植民地と本国との最初の大きな対立点となった(105)。

---

(104) その他に、本国の毛織物業を保護するために、1699年の毛織物法（Woolen Act）を制定し、植民地から本国への毛織物の輸入を禁止したりした。
(105) ただし、この時点で、植民地側は代表を選出させるべきだと主張をしていたのではないことに注意。植民地人は、少数の代表を送っても議会で少数派を再生産することにしかならないことに気づいていた。田中英夫『アメリカ法の歴史（上）』(1968) 57頁参照。このことは、アメリカの民主制（代表民主主義）を検討する上で極めて重要な点である。大陸会議が主張していたのは、植民地の事柄は植民地人の自治で決める、ということであった。植民地統治（アメリカ人にとっては植民地自治）の考え方については、M. L. ベネディクト（常本照樹訳）『アメリカ憲法史』17頁以下（1994）参照。

6-3-2　ボストン茶会事件と第1回大陸会議

1773年に、イギリス議会は、茶法（Tea Act）を制定した。これは、主として、倒産寸前にあった東インド会社を救済するために制定されたものであった。この法律により、同社は茶を通常よりも少ない関税で、アメリカに輸入する独占権を与えられることになった。これは、植民地にとっては、植民地自治への重大な侵犯にあたると考えられ、対抗措置として、茶の荷揚げを拒否する決議を行った。本国はこの決議を無視して、アメリカのボストン港への入港を強行したので、この入港に反対する植民地人は、東インド会社が所有する茶1万5千ポンドを海中に投棄するという事件を起こした。これが有名なボストン茶会事件である。

この事件で、いよいよ本国と植民地との対立は深刻なものとなった。この茶会事件に対して、本国は報復的な性格を持つ懲罰法を制定した。アメリカ側からは「不寛容法（Intolerable Acts）」という名で呼ばれた一連の懲罰法は、まず、ボストン港を閉鎖し、また茶会事件やその他の本国との抗争において主導的立場にあったマサチューセッツの統治を強化するべく、総督に、議会の開催や議員、陪審員の任命にかかる権限を与えた。植民地人によって自由に行われていたタウン・ミーティングの開催も許可制に変更された。さらに、イギリスの軍人や官吏の裁判について、植民地人よって行われる陪審裁判では不公平が生じると判断される場合に、他の植民地の裁判所か、本国の王座裁判所において行うことを総督が決定することができるようになった。

このような懲罰法の制定は、本国と植民地との間の敵対感情をさらに悪化させ、植民地側は、その結束を強化する形で対抗した。ヴァージニアの呼びかけにより、ジョージアを除く12の植民地の代表がフィラデルフィアに集まり会議を開いた。これが第1回大陸会議（Continental Congress）である。1774年9月のことであった。

この会議で行われた決議のうち、最も重要なものは、以下の4つである。すなわち、①植民地人は、イギリス臣民としての全ての権利を享受すること（決議1）、②植民地人は本国の国会に代表されておらず、また本国に代表を送っていないので、植民地内の課税と内部の事項に関する立法権は植民地内の議会に与えられるべきこと（決議4）、③平時において本国

6-3 本国との抗争

の軍を駐留させることは、植民地議会の同意がなければ違法であること（決議9）、④砂糖法や懲罰法などは、植民地人の権利の侵害であるから撤廃されるべきこと（包括的決議）、であった。

大陸会議は、次回の、第2回大陸会議の開催予定を1775年5月とした。このことは、この会議が臨時の組織体ではなく、継続的な植民地の統治機関であることも示していた。イギリスは、植民地側の決議を受けて妥協案を示そうとしたが、妥協案が到着する前に武力衝突が始まった。1775年4月18日に、ボストン郊外にあるレキシントン（Lexington）で、イギリス正規軍の兵士と植民地人の民間兵の間で武力衝突が発生し[106]、妥協案が受け入れられる余地はなくなった。後に、第2回大陸会議によって、武力抗争に至ることが正式に決定され、George Washington が総司令官に任命された。

植民地側は、武力抗争を選択することでは意見が一致していたが、最終的に独立を目指すのか、あくまで植民地の自治を確保できれば独立までは望まないのかについて、見解がわかれていた。しかしながら、戦いの長期化により本国に対する敵意が強まってきたことや、本国側が植民地は叛乱状態であることなどを宣言し、武力による全面的屈服を要求したことなどから、妥協的和平の道は閉ざされ、独立への機運が高まるようになった。

第2回目以降、常設されるようになった大陸会議では、こうした独立への機運を反映して、1776年6月から具体的な独立への動きが見られるようになった。6月7日には、大陸会議において、独立の提案が正式になされ、同10日には独立宣言起草委員が任命され、翌11日には独立後の連合の憲法にあたる連合規約の起草委員が任命された。7月2日に独立提案が決議され、Thomas Jefferson による独立宣言が、若干の修正を経て、7月4日に採択された。この独立宣言は社会契約説に基づいた内容で、人民の革命権を自然法思想から基礎づけたものであった。

本国はこの独立宣言を認めなかったが、1778年にフランスが、アメリカの同盟国として参戦すると、フランスと同盟関係にあったスペインがイギリスに対して参戦した。このような情勢の変化もあって、1781年10月

---

[106] 現在でもなお、どちらが先に発砲したのかが不明であるが、植民地側では、この事件はイギリス側の発砲によるものと即座に伝えられた。

にヨークタウン（Yorktown）で決定的勝利を収めると、和平交渉が持たれ、1783年9月のパリ条約をもって、独立戦争は終結し、アメリカの独立は、本国からも認められるところとなった。

6-4　13邦の成立とアメリカ連合

一般には、1776年7月4日の独立宣言をもって、植民地アメリカが本国からの独立を果たしたとされるが、実際には、直ちに現在のような「アメリカ合衆国（United States of America）」になったわけではなかった。

当時13あった植民地は、独立により、13の独立した邦（state）[107]となった。邦は独立した主権国家であり、それぞれの邦が成文の憲法[108]を制定するに至った。この憲法は現在の州憲法に該当するものである。大まかには、議員や執行部の首長は有権者の直接選挙によって選出されるが、その任期が短く、首長の権限が弱いことがその特徴としてあげられる。また司法部に関しては、裁判官の任期が長いという特徴を持っていた。このような性格は、本国の植民地であった時代に、イギリス国会が民選ではなかったこと、また、国王の意を受けた統治時代の苦い経験から、民意の反映を重視し、首長の専断に抗するような制度が望ましいと考えられたためとされている[109]。

---

[107]　邦とは、stateの訳語である。現在では、stateは州と訳されているが、現在の州とは性格が異なるために、邦と訳出する。なお、若干の邦は、stateではなく、commonwealthという名称を持っていたが、訳出では同じである。

[108]　本国イギリスには、成文の憲法が存在していなかったが、その植民地であったアメリカでは成文の憲法が作成された。これは、独立戦争後の政治体制を安定させるためには、歴史の積み重ねより得られる不文の憲法がなじまず、また歴史そのものがなかったこと、加えて、植民地で統治を行うための特許状（charter）が、当時は成文の憲法と同等の役割を果たしていたことなどによる。なお、イギリスは不文憲法の国と言われることがあるが、1653年にクロムウェルによって出された統治の機構（Instrument of Government）のように、かつては成文の憲法が作られたことがある。ただし、これは1660年の王政復古によって失効している。

[109]　田中英夫『アメリカ法の歴史（上）』87-92頁。もっとも平良編著『教材アメリカ法入門』110頁以下によると、州憲法が定める権利保障は、イギリスの権利章典に類似しているとされる。これはイギリス人のコモン・ロー上の権利は人間としての基本的権利であるという発想に基づくものと言われている。

6-4 13邦の成立とアメリカ連合

このような独自の憲法を持った邦が集まってできた組織が、現在のアメリカ合衆国の前身となるアメリカ連合である（英語表記は現在と同様にThe United States of America）。このような連合が結成されたのは、もともと植民地であったそれぞれの邦が、独立を果たしたとはいえ、本国イギリスや他の国々に対抗するためには、邦同士の団結が不可欠と考えられたからであった。

6-4-1 連合規約の成立

第2回大陸会議の際に、独立宣言起草委員会を任命するとともに、連合規約起草委員会も任命した。これは、独立後の邦をまとめる組織としてのアメリカ連合のための規約（Articles of Confederation）である。1年後の1777年7月に完成した連合規約案は、大陸会議に提出され、修正を経た後に、11月に連合規約として可決した。大陸会議は各邦の批准を求めたが、西部地区の領有権を巡って、各邦が対立したため、全ての邦が批准したのは1781年3月であった。

アメリカ連合を構成するそれぞれの邦が独自の憲法を制定していたことからもわかるように、アメリカ連合は、1つの国と見るよりも、各邦が主権と独立を保持したまま、ごく限られた権限を連合に委譲するという、国家連合と見るべきものである。それはあくまで、新生の弱小国家がイギリスと対抗するために成立したものであり、基本的な統治は、それぞれの邦が行っていた。

連合規約は、アメリカ連合の議決機関として連合会議（Congress）を定めていた。連合会議では、邦の規模の大小にかかわらず、各邦が1票をもつことになっていた。また、連合規約の改正は連合会議で賛成され、全ての邦の議会で賛成されなければならなかった。

アメリカ連合の規約が、こうした相互に対等な邦による連合であることを条文で表現したのは、イギリスとの関係によるところが大きい。連合は、不可分の主権をもつ主体としての巨大な政府を認めると、いずれイギリスとの経験を繰り返すのではないかと恐れた。加えて、独立戦争の指導者たちは、植民地が君主を持たない独立国家、すなわち共和政体として存在しようとする時、人民と統治者との距離を近くしておいた方が共和政体には

好ましいと考えた。従って、対外的に邦の連合を組織する必要性は認めるものの、連合は主権を各邦に持たせて、それぞれの邦を互いに独立、対等なものとしたのである。

6-5 連合の危機

　独立戦争の最中は、イギリス製品を拒否していたために、内需が刺激され、国内は好景気を迎えていた。戦争によって軍事産業を中心とした製造業が盛んになったことに加えて、食糧需要の増大によって、農業も大きく発展した。

　しかし、独立戦争が終わると、戦争によって生じていた需要がなくなり、状況は一変した。軍需が縮小したことに加えて、軍隊の解散により食料需要が急激に減少したことは、軍事産業の衰退と農業の低迷を招いた。また戦争終結に伴い、イギリスをはじめとする海外製品が流入し始めると、競争力において劣る国内の製造業の景気も悪化した。さらに独立により、イギリスからの経済的援助を一切受けなくなったアメリカは、独立による経済報復をうけ、西インド諸島の貿易から排除された。これも国内の不況に拍車をかけることとなった[110]。

　こうした国内の不況の影響は、農業部門と工業部門では異なっていた。農業部門では、景気回復の起爆剤がなかったこと、南部でのタバコ栽培における労働力不足と価格の下落により、そのダメージが長く続いたが、工業部門は、やがて競争力を回復させるとともに、関税による保護政策によって、生き延びることに成功した。

　この、関税による保護政策は、邦間の経済格差をより一層拡大させることとなった。各邦が主権国家であることの帰結として、邦に関税賦課権が認められていたから、関税は、各邦が外国と貿易する場合のみならず、邦間における貿易においても徴収されていた。そのため、関税の引き上げによる歳入増加を目指した邦は、自邦の利益を優先し、他邦との協調関係を無視するようになった。こうして、工業中心で経済規模の大きな邦と、農業中心で経済規模の小さい邦との間に、次第にはっきりとした経済的格差

---

(110)　イギリスから独立を果たしたため、航海法の規定によりイギリス船舶しか西インド諸島に入港できなかった。

6-5　連合の危機

が現れはじめた。

このような経済的苦境において打開策の1つとして示されたのが紙幣の増刷であった。特に農民を中心とした、社会の中・下層の人々は、紙幣の増刷による解決と債務者保護法の制定や、債権者による抵当権の実行の延期などを要求した。これが受け入れられると、今度は、債権者たる社会の上層、保守層が強く反発した。一方で、保守層の勢力が強かった邦では、貨幣の増刷が行われず、債務者たる農民達は抵当権を実行され、債務者保護も進まず、暴動が起こることも稀ではなかった。1786年にマサチューセッツでおこったシェイズの乱は、この代表といえるものである。

イギリスより独立した邦を代表する立場にある連合は、こうした状況に適切な対策を講じることができなかった。独立戦争にかかった費用のために、連合もまた経済的に困窮するが、連合には主権国家である邦に税をかける発想にアレルギーがあるため、課税権が認められていなかった。連合の歳入は、全て邦の土地評価額に基づく醵出金によってまかなわれていたが、邦が拒めば、連合は邦に制裁を加えることができなかった。さらに、戦費を調達するために多額の公債を発行していたが、国内の不況により、この返済も滞るようになった。

各邦間の自由と独立を前提として成立した連合規約は、宣戦や講和に関する事項やインディアンとの通商の規制に関する権限は連合会議にあると明記したが、連合が各邦に対して行使できる権限は、度量衡の決定や、郵便事業の整備など、対外的、形式的な性格の事項に限定していた。例えば連合は連合の軍隊を保持していたが、徴兵の権限を持っていなかった。兵隊の数を各邦に割り当てる権限は連邦会議に認められていたが、実際に兵を集めるには邦の協力を仰がねばならなかった。これらことは連合の指導力、あるいは強制力の不備を端的に物語っている[111]。こうして、各邦の関税賦課権の存在（あるいは連合の通商規制権限の欠如）と、連合会議の権限の弱さは、アメリカ連合が、経済的な意味で一体として発展する妨げで

---

(111)　連合規約の不備としては、連合の決定が直接各邦の市民に届かなかったことが大きい。例えば軍隊の増強について、連合は直接徴募できず、まず邦に呼びかけ、その呼びかけが実行されるか否かは邦の態度にかかっていた（平良編著『教材アメリカ法入門』140頁以下参照）。

あると認識されるようになった。

6-5-1　連合規約改正における対立

独立戦争後の困窮に対して具体的な解決策を示すことができない以上、連合規約を改正する必要があることは、全ての邦が一致して認めるところとなった。しかしながらどの程度の改正が必要であるのかについては意見が分かれた。

保守層が支配的であった大邦では、強力な中央集権国家の建設が目指された。彼らは、イギリスやその他のヨーロッパ諸国と対等な関係を結ぶには、経済的に一体となった強い国家が必要であると考えていた。また、強力な中央政府が存在すれば、関税の賦課によって、外国製品から自国の製品を守ることが可能になり、各邦間での通商の障害になっていた邦が課す関税を禁止することができると考えられた。このような事情で、製造業や商人は保守派に合流することになった。このような態度は、工業中心の北部の邦に多く見られたものであった。

一方で、小邦では、債務者保護立法を要求する、農民を中心とした急進派が多数を占めた。彼らは、これまでのアメリカ連合の性格や連合規約の大きな変更を望まず、あくまで邦の自治権を尊重する形での改正を求めていた。また、彼らは、当時、連合が西部の広大な土地を取得していたから、それによって経済の建て直しが可能である、という見通しを持っていた。そこで、中央政府への改革は必要最小限にとどめるべきで、政治の中心は、あくまで邦単位で行う、すなわち、人民により近いところで行うべきであると主張した。このような主張は農業が中心的産業であった南部に多く見られたものであった。

6-6　合衆国憲法の成立

6-6-1　合衆国憲法草案の成立

連合会議に変わる、強力な中央政府の樹立を求める声がいよいよ高まってくると、ついに1786年に、5つの邦の代表がメリーランド州のアナポリス（Annapolis）に集まり、連合規約を改正するべく各邦の代表をフィラデルフィアに送るよう要求するレポートを採択した。連合会議は、この提

6-6　合衆国憲法の成立

案に応じて、「連合規約の改定を唯一の目的とすることを明示する」という条件を付けた会議を招集し、ロード・アイランドを除く12邦の代表がフィラデルフィアに集まった。この会議は、今日、憲法制定会議（Constitutional Convention）と呼ばれているものである。

会議では、既に見た、邦同士の対立のために、複数の案が出された。これらの案のうち、最終的に残ったのは、ヴァージニア案とニュー・ジャージー案の2つであった。前者は主としてマディソンとジェイムズ・ウィルスン（James Wilson）によって起草されたもので、より強力な中央政府を樹立しようとする、大邦の立場に立ったものであった。この案は大邦の支持を得たが、従来のアメリカ連合と基本的な性格を異にする新しい政府の樹立を意味したので、全ての代表が賛成したわけではなかった。

これに対して後者のニュー・ジャージー案はパターソン（William Paterson）によって起草されたもので、ヴァージニア案の検討が一通り終わってから出されたものであった。この案は、小邦の立場に立ち、それぞれの邦の独立を維持していた。

最終的には、ニュー・ジャージー案は投票において敗れ、ヴァージニア案を検討の基礎に据えることが決まった。もっともニュー・ジャージー案は、全面的に退けられたのではない。各邦に配分する議員の数と議決権の問題については、議員数、すなわち票数を、ヴァージニア案は各邦の人口に比例させていたのに対して、ニュー・ジャージー案は連合規約の規定をそのまま使い、各邦に1票と配分していた。そこで憲法草案では、「偉大な妥協（The Great Compromise）」と呼ばれる妥協案を採択し、上院については人口に関係なく各邦2人の代表を連邦議会に送り、下院については人口に応じた数を配分する[112]というように、両方を組み合わせる形となった。同様の妥協が功を奏した事項については、奴隷の問題をあげることができる。議員の数の配分や、連邦が課す直接税の金額の算定の基礎として人口が使われるため、奴隷を人口に含めるかどうかは、重要な問題であった。南部には農業に従事する奴隷が多数存在していたために、南部邦は、直接税の割合の算定に際しては奴隷を人口として数えず、一方で連邦議会

---

[112] なお、各邦は、どんなに少数の邦でも1人は配分されることになっている。

に送る代表の数を決める際には、多くの代表を送るべく、奴隷を人口に数えるという立場をとった。そして、北部邦は、南部と全く違う立場を主張したのである。結局、偉大な妥協によって、奴隷を数える際には、常に5分の3扱いとすることが定められたのである。

このような妥協を経て、1787年9月に、合衆国憲法の草案が確定した。この草案には、憲法制定会議に参加しなかったロード・アイランドを除いた12邦が署名をした。草案は大邦の意向に添う内容になっており、従来までの邦の独自性が保持されているアメリカ連合から強力な権限を備えた中央政府を擁するアメリカ合衆国へと変化させるものであったから、ロード・アイランドに限らず、急進派や無産者の多い邦が、この草案を批准することは期待できない状態であった。そこで、改正には全ての邦の賛成が必要という連合規約と異なり、憲法の草案では、13の邦のうちで、9邦が批准すれば憲法が成立すると定めた。

6-6-2 憲法賛成派と反対派

憲法草案は、各邦へ回覧に付された。この憲法草案は、中央政府に強力な権限を与えているために、憲法草案を承認するための憲法会議を開く際にも、誰をその会議に送るか、ということについて、各邦の内部でも意見が分かれることとなった。

憲法賛成派は、中央政府を支持するという意味で自らをFederalistsと呼び、憲法反対派はAnti-federalistsと呼ばれた。経済的な区別でいえば、Federalistsは農園主、商工業者、上層の農民などの裕福な層が多く、Anti-federalistsは中小の農民（独立自営農民）が多かった。これは憲法賛成派には、強力な中央政府が成立し経済統制が行われることにより利益を得られる層が多かったからである。一方、憲法反対派は市場経済に依拠せず生活を行っていたから、政府の経済統制には無関心であり、むしろ中央政府の権限が強化されて、邦の自治権が侵害されることを懸念していた。

当初は憲法反対派の方が優勢であった。彼らは強力な中央政府の樹立により邦の自治権が侵害されることに加えて、新しい憲法が目指す共和政体は民主的ではないと攻撃した。憲法賛成派は、新しい政府は邦から委譲された限定された権限しか行使し得ない、制限された政府であり基本的人権

を侵害することはないと、新聞の社説を利用して自らの主張を広めた[113]。結局、憲法賛成派がこの論争に勝利し、ついに1788年6月には9邦目の承認を得て、合衆国憲法が成立した。

7　合衆国憲法の構造

7-1　はじめに

　合衆国憲法の成立によって、アメリカ連合はアメリカ合衆国へと生まれ変わった。アメリカ連合は、主権国家である邦の連合（＝国家連合）であり、現在のEUに近いものであったが、アメリカ合衆国は、邦（＝州、以下常に州と読み替える）がその権限の一部を中央の政府に移譲して成立する連邦国家であるから、その存在の形式は大きく変更されたと言える。その新しく樹立された連邦議会の在り方を定めたのが合衆国憲法である。立法権は第1編、行政権は第2編、司法権は第3編において規定されている。以下では、連邦制度についての理解の手掛かりとして、連邦議会の立法権について検討する。

7-2　連邦議会に与えられた立法権限

　連邦議会の立法権の特徴を一言で表すなら「権限は強いが範囲が制限されている」となるだろう。イギリスからの独立の過程に見られるように（⇒6-3参照）、アメリカでは、一般に、強い権限が与えられた政府に対するアレルギーがあるが、他方で、経済問題への対処を中心として、各州を代表、統制できる強い中央政府を望む声も強かった。

　そこで、合衆国憲法は、新しい連邦議会に、州際通商規制権限や課税権を中心に、各州や各州の市民に直接適用される立法を行う強い権限を認め

---

[113] 憲法賛成派にはもともと教養の高い人が多く、運動が組織されていたのに対して、憲法反対派は、内部での意見の対立がありうまくまとまらなかった。また賛成派は相手方を憲法反対派（Anti-...）と名付けることで、反対派にマイナスイメージを持たせることに成功した。賛成派の社説はアレグザンダー・ハミルトン、ジョン・ジェイ、ジェイムズ・マディソンの3人がPubliusという共通の匿名で連載したもので、後に『ザ・フェデラリスト』（岩波文庫版1999）としてまとめられている。

7 合衆国憲法の構造

ながら、その範囲については、憲法によって明示的に権限が与えられた事項に限定した[114]。対して、州は、合衆国憲法によって明示的に禁止された事項以外は自由に立法する権限が認められた（⇒7-3参照）。このように連邦に強い権限を認めながらも範囲を制限し、州の自治権が大幅に留保[115]されているところに、アメリカ合衆国の大きな特徴を発見することができる。

連邦議会の立法権に関わる規定は、憲法第1編8節に明示的に列挙されている。また、同第1編9節で、平時における人身保護令状（the writ of habeas corpus）の停止の禁止[116]、私権剥奪法（Bill of Attainder）の禁止[117]、事後法（ex post facto law）の禁止[118]という3つの禁止事項が設けられている。現在では、憲法制定直後の1789年に成立した修正1条から10条までの修正箇条（その内容からしばしば権利章典（Bill of Rights）とも言われる）や、それ以降に成立した憲法修正で定められた禁止規定の制限を受ける。

7-2-1　憲法第1編8節

第1編8節は1項から17項において、連邦議会の立法権を限定列挙し、18項において、それらの権限、および憲法により合衆国政府やその機関に付与された他の全ての権限を実施するために「必要かつ適切な（neces-

---

(114) これは「男を女に、女を男にする以外はあらゆることをなし得る」とまで言われた、イギリスの議会主権の考え方と大きく異なっている。なお、田中英夫『アメリカ法の歴史（上）』118頁以下は、連合と合衆国の性格の違いについて、邦憲法と合衆国憲法の比較により分析しており、参考になる。

(115) このことは、修正10条に明文で示されている。

(116) 身柄提出礼状とも言う。

(117) 通常、刑罰法規はある行為をした人に刑罰を加えるのに対して、これは特定の人を、死刑や財産剥奪などの厳刑に処す法律を言う。もともと、イギリス議会が、反逆的な政治活動を行った者に対して制裁を科す目的で制定していたものが、合衆国憲法で特に取り上げられることになったものである。従来は、政権交代で新政権についた者が、旧政権の家族を根絶やしにする目的で制定されたから、対象は名指しされる事が多かったが、現在では、対象者が推察できるような形で不利益を課す法律がこれにあたるとされている。この禁止の理由は、司法権の行使たる裁判を経ずに不利益を課すような法律を作ることは、権力分立の観点から問題があるからとされている。

(118) 遡及処罰の禁止と同じ。

sary and proper)」全ての法律を制定することができる、と定めた。この条項によって、憲法に明記されていなくても、憲法上認められる目的に合理的に関連している（rationally related）あらゆる手段を定める法律を制定することができる。

17の立法権限については、相互に性格が重なっていたり、内容と項目が正確には一致していないこともあるが、おおよそ① 連邦政府の主権の行使の在り方を定めるためのもの[119]、② 戦争・軍備に関するもの[120]、③ 経済的一体性を強化するためのもの[121]、の３つに整理できよう。

7-2-2　課税・歳出権限

第１編８節１項は、課税・歳出権限を定める。アメリカ連合時代の連合規約が課税権を認めていなかったことからすると、課税・歳出権限が認められていることは、合衆国憲法が達成した大きな前進と言える。

課税・歳出権限の重要な点は、合衆国政府の財政基盤を確実にすることに加えて、全米規模で、ある政策目標を達成するために、この権限を利用できる点にある。すなわち、ある行為を抑制したい場合は、その行為に対して課税をし、またある行為を奨励したい場合は、その行為への税負担を軽減、または免除することにより、間接的に、連邦議会の意思を実行に移すことが可能となる。歳出権限も同様に、合衆国政府の州政府に対する補助金支出において、様々な条件をつけることによって、合衆国が達成しようとする政策目標の実現のために利用できる。合衆国がもつ巨額の資金は、州政府にとって魅力的なものであるから、合衆国政府は、州が、補助金受給のために自発的に条件を整えるための立法を行うことを期待するこ

---

[119] １項（関税を含む課税・歳出権限）、２項（金銭の借入）、４項前段（帰化の規定）、５項（貨幣・度量衡の設定）、６項（証券、通貨の偽造に対する罰則規定）、９項（連邦裁判所組織の整備）、10項（国際法との関係）、17項（コロンビア特別地区に対する専属的立法権）。
[120] 11項（開戦の宣言など）、12項（軍隊の徴募と維持）、13項（海軍の設立と維持）、14項（陸海軍の統制）、15項（民兵の招集）、16項（民兵の組織など）。
[121] ３項（外国、インディアン、及び州際通商に対する規制）、４項後段（破産処理）、７項（郵便事業）、８項（著作権関係）。

とさえできるのである(122)。

7-2-3 必要かつ適切条項 (necessary and proper clause)

憲法第1編8節に列挙された17の項目に加えて、包括的規定として存在する第18項の必要かつ適切条項は、連邦議会の立法権を拡大する機能を果たしてきた。この条項を使って、議会は、憲法が政府やその省庁に与えた権限を実行するために「必要かつ適切な」立法を行うことができるのである。この条項に基づいて行われる立法の合憲性は、かなり緩やかに審査されており、憲法の解釈によって導きだされるもの、すなわち明文の根拠を持たない立法であっても、憲法が認める権限や目的に合理的に関連していれば許されている。

【CASE：McCulloch v. Maryland, 17 U.S. 316 (1819)】(※百選11事件)
F：メリーランド州は、同州の認可を受けずに営業を行う銀行に対して課税する州法を1818年に制定した。この州法の成立に先立つ1816年に、連邦議会は合衆国銀行を設立する法律を制定し、1817年にはその支店がメリーランド州に設立された。同支店は、州法の成立後も認可を受けずに営業していたために、州法の規定により罰金を徴収されることになったが、同支店がこれに従わなかったために訴訟が提起された。
Q：① 合衆国銀行を設立した合衆国銀行法は、連邦議会の立法権限の範囲内にあると言えるか。
② 立法権限の範囲であるとして、連邦の機関である合衆国銀行に州法で課税をすることができるか。
H：① YES
② NO
R：① 租税の徴収やその他の理由から考えると、銀行の設立は「必要かつ適切」である。
② 連邦の活動を州法によって規制することはできない。連邦の活動を定めた合衆国憲法は、国の最高法規 (supreme law of the land) である。

---

(122) 例えば、後に見る United States v. Lopez, 514 U.S. 549 (1995) において、学

7-2-4 （州際）通商（規制）条項〔〔interstate〕commerce clause〕

第1編8節3項に規定された、連邦議会の立法権限を拡大するための中心的な条項であり、その重要性は極めて高い。合衆国憲法が、アメリカを経済的に一体として発展可能にするためのものという観点から理解すると、極端に言えば、この条項を書き込むために新憲法が制定されたとも言えるものである。「州際」という言葉は、① 外国、② インディアン部族、③ ある州から見て他の州、の3つを指しているが、ここで重要なのは③の場合である。つまり州間における通商を規制するのが、この条項の主たる目的である。

州際という語と通商という語の解釈を拡大すればするほど、連邦議会の権限は大きくなる。既に見たように、合衆国憲法制定時には、巨大な中央政府による圧政からいかに州（＝邦）の独立性を守るかが重要な争点になっていた（⇒6-6参照）。従って、州際通商規制条項の解釈を広げすぎることは、直ちに、連邦制が抱える微妙な問題（連邦と州のバランスの維持）を刺激することになる。そこで、裁判所、特に合衆国最高裁が行う州際通商という言葉の解釈が問題になるのである。詳しくは、後に検討する。

7-3 連邦政府にのみ立法権限がある場合

新憲法下では、連邦議会に強力な立法権が認められているが、そのことは州の立法権を否定しない。言い換えれば、州は、依然として従来までの立法権を維持しており、アメリカには、連邦政府と州政府という、立法権を備えた統治機構が二重に存在することになる[123]。

もっとも、立法権の構造が二重になることの不都合を回避し、また州の権限の一部を委譲して作られた合衆国政府に強い権限を持たせるために、一定の事項については連邦議会に専属的立法権限（exclusive legislative power）が認められている。それらの分野については、州の立法は、明示的にも、場合によっては黙示的にも認められない[124]。例えば、第1編9

校付近の銃所持を規制する連邦法が違憲とされたにも拘らず、多くの州政府は、補助金受給のために、同様の規制立法を「自主的に」行った。

[123] ただし、合衆国憲法とそれぞれの州憲法による制限には服する。

[124] なお、州の立法が明示的に禁じられていない分野について、州が立法を行っ

節5項（州の関税の賦課の禁止）、第1編10節1項（州の条約の締結や貨幣の鋳造などの禁止）などは、憲法が具体的に州による立法を禁じているため、専属的立法権限の対象と見てよいだろうし、事項の性質上、連邦議会に独占的に権限が付与されている（例えば第1編8節11項の戦争権限）場合も、専属的立法権限の範囲に含めて良いだろう。

しかしながら、憲法第1編10節が列挙する禁止事項以外については、原則として、州に立法権が留保されていると考えられるので、実際には、多くの分野で、連邦の立法権と州の立法権が競合することになる。

7-3-1　連邦法による専占

このような立法権の競合の問題を整理すると、競合が発生する理由から2つに分類できる。すなわち、専占（preemption）と眠れる通商条項（dormant commerce clause）である。専占とは、連邦法が州法による規制を禁じている場合であるが、禁止の趣旨が明文で書き込まれる場合とそうでない場合がある。そこで、明示的な条項が含まれているものを明示的専占と呼ぶのにたいして、含まれていない場合を黙示的専占（implied preemption）と呼んで区別している。黙示的専占は、さらに次の3つの分類、すなわち①連邦法と州法が両立し得ない、非両立専占（impossibility preemption）、②州法が連邦法の目的達成の障害となる、障害専占（obstacle preemption）、③当該分野においては連邦法が全面的に支配するとされる、領域専占（field preemption）がある[125]。

専占は、憲法に根拠がある訳ではないものの、連邦法と州法が競合している場合に、州法が連邦法に譲歩しなければならないため、州と連邦のバ

たとしても、結果的に、州法が連邦法に抵触する場合、連邦法の方が優位する。このことについて、前掲McCulloch判決と、憲法第6編2項の最高法規条項を参照。
[125]　最近の事例としては、合衆国政府がビルマに対して経済制裁を行うために制定した連邦法とマサチューセッツ州によるビルマ制裁法の事例（Crosby v. National Foreign Trade Council, 530 U.S. 363（2000）（※百選17事件））があげられる。最高裁は、州の制裁法の方が連邦法より先に制定されていたにも拘らず、本件連邦法の制定時に、州の制裁法によって、連邦法が合衆国大統領に与えている権限が実質的に簒奪されうることを容認していたとは言えないから、連邦法による黙示的専占があったとした。

ランスを見る上で重要なものである。とりわけ、黙示的専占は、連邦法の解釈により専占を認定するものであり、慎重な検討が必要である。

7-3-2　眠れる通商条項

　連邦の立法権と州の立法権が競合するもう1つの場面は、州際通商条項が関係するものである。連邦議会には、州際通商に関する立法権が認められているので、その権限に基づく連邦法と州法が抵触する場合、連邦法の優位が認められてきた。

　もっとも、現時点で連邦の立法がない場合でも、州、または自治体の法律が、全米的な通商の流れを阻害するなど、全米で統一的な規制を要するような性質の問題に関係があるときは、その州法は無効となる。この場合、未だ実行に移されていない（dormant）州際通商規制権限に基づいて州法を無効にしていることになる。ただし、最高裁は、州の立法が、合衆国政府が達成しようとしている目的をさらに促進するもののような場合は、州際通商に影響を与えていてもその州法を黙認している。従って、州が、州際通商に関わる一切の立法権を持たないと言うことはできない。眠れる通商条項（あるいは未発動の通商条項）とは、あくまで、連邦法と州法の黙示の抵触が問題になるときに持ち出されるフィクションであることに注意しなければならない。

7-4　通商条項の解釈の拡大

　通商条項を広く解釈することは、連邦議会の立法権の拡大につながるものの、他方で州の権限、特に、伝統的に州に認められてきた権限[126]を侵害することになりかねない。しかし、立法権の限界がどこにあるかについて、最高裁は画一的、固定的に考えず、その解釈は、時代の中で変化してきた。それは同時に、連邦政府に期待された役割とそれに対する最高裁の態度の変化を反映したものであった。

---

(126)　これは、州のポリス・パワー（police power）と呼ばれるもので、州の行政権と訳されている。具体的には、警察、裁判所、公園、公衆衛生、学校、公共施設などに関する権限である。これらは、州が州の利益のために、独自に決定することができる。

初期の判決で重要なものは、以下に示す Gibbons 判決である。この判決により、通商の意味が確定され、州際という言葉も広く解釈され、州境をまたぐ場合には、州内の事柄に対して規制を及ぼすことができるとされた。

> 【CASE；Gibbons v. Ogden, 22 U.S. 1（1824）】（※百選 13 事件）
> F：訴外 A と B はニューヨーク州法により一定の期間、州内の水域において汽船を独占的に航行する権利を得た。訴外 C は、A と B より、ニューヨーク州内の水域の一部について独占権の譲渡を受けた。その後訴外 C は、譲渡を受けた水域のうち、ニューヨーク市とニュージャージー州のエリザベスタウンの間に、汽船を独占的に航行する許可を本件原告 Ogden に与えた。
> 　一方被告 Gibbons は 1793 年の連邦法により沿岸通商を行う免許を得ており、それにより同一の、または異なる州の沿岸通商のために船を航行することができた。Gibbons もニューヨーク市とエリザベスタウンの間に汽船を航行させたため、Ogden は自らの独占航行権が侵害されたとして Gibbons による汽船の航行を差し止める訴えを起こした。
> Q：① 1793 年の連邦法は連邦議会の立法権限に含まれるか。
> 　　② 運航の独占権を与える州法は、連邦法違反となると言えるか。
> H：① YES
> 　　② YES
> R：① 憲法にいう commerce とは、交易（traffic）のみならず交流（intercourse）を含む。交流には航行（navigation）が含まれる。「州際の」という場合には州の境界線でとどまるのではなく、州の内部をも含む。ただし完全に内部的な通商を含むわけではない。
> 　　② 国の最高法規である憲法の権限によって制定された法律も、やはり国の最高法規であり、これに矛盾する州法は無効である。

後に最高裁は、規制範囲が州内限定であっても、全体的に見れば州際通商に影響を及ぼす場合には規制が可能であるとして、解釈の幅を広げた。

7-4　通商条項の解釈の拡大

> 【CASE；Houston East & West Texas Railway. Co. v. United States (The Shreveport Rate Case), 234 U.S. 342（1914）】
> F：テキサス州ダラスとルイジアナ州シュリーヴ・ポートを結ぶ鉄道路線において、テキサス州内にあるマーシャルという駅を境に、運賃に差額を設けた。すなわち、テキサス州は、同州内にあるダラスが利用されることによる利益を見込んで、ダラス—マーシャル間の運賃を、マーシャル—シュリーヴ・ポート間の運賃よりも低く設定した。連邦州際通商委員会は、この差額設定を差別であると認定して、運賃の改定を命令した。
> Q：ともにテキサス州内にあるダラス—マーシャル間の料金について連邦政府が規制をすることができるか？
> H：YES
> R：問題となっている事項が、州際通商と密接な関係にあるか、直接的影響を及ぼす場合は、規制に対象になるから、本件のように、規制対象区間が純粋に州内に限定される場合であっても、路線全体に対する影響を考慮して規制することが許される。

　もっとも、通商とは何かという問いについては、思い切った解釈の拡大は行われず、むしろ、製造業に関する独禁法の適用を否定したUnited States v. E. C. Knight Co., 156 U.S. 1（1895）など、制限的な事例が見られた[127]。こうした流れは、いわゆるニュー・ディール期に、最高裁が社会経済立法の多くを、実体的デュー・プロセス理論に基づき違憲とした時期に頂点に達し、州際通商関係の事件においても、同様の判断が相次いだ[128]。ところが、ニュー・ディール政策を主導したルーズベルト大統領が、大

---

[127] 当時の時代背景として、1890年代には、アメリカが第1位の工業国として躍進した事実があげられる。この時期においては、自由主義経済の推進に価値がおかれ、最高裁も、修正14条が保障する自由（liberty）の中に契約の自由を読み込むことによって、当時の労働者保護の立法の多くを憲法違反とした。その典型的な事例としては、パン工場労働者の労働時間を規制するニューヨーク州法を違憲としたLochner v. New York, 198 U.S. 45（1905）（※百選44事件）がある。

[128] 例えば、強制的年金制度を違憲と判示したRailroad Retirement Board v. Alton R. R. Co., 295 U.S. 330（1935）がある。

7　合衆国憲法の構造

差で再選を果たすと、最高裁も態度を軟化させ[129]、州際通商の事例においても、Jones & Laughlin Steel Corp 判決が現れた。

> 【CASE ; N.L.R.B. v. Jones & Laughlin Steel Corp., 301 U.S. 1 (1937)】
> F：全米労働関係法によって、全米労働関係委員会（National Labor Relation Board）が設立された。この委員会は、ある鉄鋼会社の製鉄工場が行った不当解雇に対して、その是正を求めた。この工場は、商業に従事せず、製造を行っているという理由で、通商条項の権限によって設立された委員会の命令は自分たちには適用されない、と主張した。
> Q：製造は通商と関係がないといえるか？
> H：NO
> R：製造と通商で区別するのではなく、その関係や影響で、通商条項の適用範囲内かどうかを区別する。製造された物は必ず通商のラインに乗る。本件企業は全米4位の大企業であり、諸州に鉄鉱山、炭坑、専用鉄道などを有し、この製鉄工場はこの企業の心臓部に当たる。従って、全体として州際通商に影響を及ぼすと見ることができる。

Jones & Laughlin Steel Corp 判決で示されたアプローチ、すなわち、製造か通商かではなく、州際通商全体に与える影響を重視する考え方は、州際通商条項の使い勝手の良さを飛躍的に高めた[130]。その後、最高裁の拡大解釈の傾向は、Wickard 判決でより明確に示された。

> 【CASE ; Wickard v. Filburn, 317 U.S. 111 (1942)】（※百選14事件）
> F：連邦議会は、各農家が耕作する小麦の量を割当制にする法律

---

(129) 例えば、ワシントン州における女性最低賃金法を合憲とした West Coast Hotel Co. v. Parrish, 300 U.S. 379（1937）（※百選46事件）があり、この流れはやがて、United States v. Carolene Products Co., 304 U.S. 144（1938）（※百選22事件）とその脚注4に示される二重の基準論に結びつくのである。

(130) 例えば、ある州の映画館で上映される映画が、州際通商を経由して州内に持ち込まれる場合は、州際通商条項の規制対象となる。こうした規制範囲が拡大することの利点は、ある州の映画館というような全く私的な施設内で行われるかもしれない差別、特に人種差別を禁止するために、連邦法の制定が可能になる点にある。

> を制定し、違反に対しては制裁金を課すという農業調整法を制定した。そこで、飼料用と自家消費用に、余分に小麦を生産した農家が同法違反に問われ、この法律の効力を争った。
> Q：小麦の余分な耕作をわずかであっても禁じる同法は、通商条項の範囲内といえるか？
> H：YES
> R：自分の必要量を自分で耕作すれば、その人は市場で小麦を購入しなくなる。その量は少なくとも多くの農家が同様のことをすれば、市場の需要量に影響を及ぼす。従って、州際通商に影響があると見ることができる。

　以上のように、最高裁は、州際通商という言葉を広くとらえ、州際通商に、何らかの形で影響を及ぼすと見られる行為は、連邦議会の規制対象に含まれるとしてきた。この流れは、長く維持され、連邦議会の立法権を拡大する機能を果たしてきた。連邦議会は、立法のために様々な資料等を用いて、州際通商への影響を認定し、その認定に合理性が認められる限り、最高裁は、緩やかな審査基準（いわゆる合理性審査）を用いて、合憲の結論を得てきた。

7-5　通商規制権限の制限

　ニュー・ディール期に若干の例外があったものの、解釈の幅は、全体として拡大の傾向にあったと言うことができる。しかし、近年、解釈の幅を狭める事例が現れた。1995年のLopez判決である。

> 【CASE；United States v. Lopez, 514 U.S. 549（1995）】
> F：テキサス州に居住する高校3年生が、短銃と実弾を校内で所持していたために、学校の周囲1000フィート（3048m）以内での銃所持を禁止し処罰する連邦法違反で起訴された。高校生は、この連邦法が、州際通商規制権限に基づく立法として認められず違憲であると主張した。
> Q：学校付近での銃所持が暴力を引き起こし、それが保険のコスト増や旅行意欲の減退という経済的影響を全米的に招くと言えるか。

> H：NO
> R：銃所持を処罰する立法には、州際通商への具体的関連性（nexus）が示されなければならない。本件連邦法は刑事法であり、経済活動とは関係がなく、処罰対象行為である「銃の『所持』」も経済活動ではない。「『学校付近での』銃所持」はどこで行われようとも州際通商に関連性を持たず、本件では（高校生）自身の移動も示されていない。
>
> 【反対意見（dissenting opinion）】
> 　銃を伴う学校内、または付近での暴力が州際通商に影響を与えることを示す報告書がある。銃を伴う暴力は深刻であり（全米の高校生の４％、都市部に居住する高校生の６％が学校に銃を携帯しており、都市部の高校生の12％が学校付近で発砲された経験があり20％が銃で脅されたことがある、という報告書の存在）、そのため教室学習に対する悪影響があり、教育の質の低下は商業にも影響を与える。

　本件法廷意見が整理したところによると、従来、通商条項に基づく立法とされてきたのは、①州際通商の流通路の利用方法を規制する立法、②州際通商の道具、ないし州際通商に携わる人や物を規制する立法、③州際通商に実質的な関連性がある活動を規制する立法、の３つの場合であった。本件は、銃所持規制法が③の分類に含まれるか否かが争点であると言える。

　法廷意見は、規制対象行為に経済的な要素を求めており、たとえ経済的行為でなくても、その全体の影響を考慮すると通商の範囲に含まれるという考え方は、本件ではかなり後景に退いている[131]。なぜこうした変化が起こったのかは、事案の性質や最高裁裁判官の構成など、複数の説明があり得るが、おそらく、現在のアメリカで、保守主義的な色合いが強まっていることと無縁ではなく、州際通商規制条項の解釈は、時代状況によって微妙な影響を受けるものであることを示しているように思われる。

---

(131) Lopez 判決以降も、例えば、差別を動機とする性暴力の被害者に対して私的訴権を付与した性暴力規制法（Violence Against Women Act）も、州際通商条項に基づかず違憲とされた。United States v. Morrison, 529 U.S. 598（2000）.

▨ 著者紹介

東 川 浩 二（ひがしかわ・こうじ）

1971年生まれ
1995年　甲南大学法学部卒業
2001年　神戸大学大学院法学研究科博士課程修了
金沢大学法学部助教授を経て、
2009年　金沢大学人間社会学域法学系教授（現在に至る）

▨ 著　作

「『合憲の』人種的ゲリマンダを定義する──最高裁が語らなかった合憲性の基準」
　選挙研究19号（2004）
「合衆国における残虐ゲームの法的規制」金沢法学49巻1号（2006）他

アメリカ法講義案 I　　　　　　　　　　　講義案シリーズ 051

2008（平成20）年4月10日　第1版第1刷発行
2011（平成23）年4月10日　第1版第2刷発行
2014（平成26）年7月15日　第1版第3刷発行

6023-6-01030：P 096, S 500-02, ¥1500 E

著　者　東　川　浩　二
発行者　今　井　　貴
発行所　信山社出版株式会社
〒113-0033 東京都文京区本郷6-2-9-102
Tel 03-3818-1019
Fax 03-3818-0344
出版契約 2008-6023-01010　info@shinzansha.co.jp
笠間来栖支店・才木支店／エクレール後楽園編集部

printed in Japan

Ⓒ Koji Higashikawa：東川浩二，2014．印刷・製本／松澤印刷

ISBN978-4-7972-6023-6　C3332

6023-6-01031-012-050-010　コピー禁止　信山社　分類 322.914. a 006. アメリカ法

法学六法'14
収録数69件, 全552頁
定価:本体1,000円(税別)

標準六法'14
収録数126件, 全1156頁
定価:本体1,480円(税別)

石川 明・池田 真朗・宮島 司・三上 威彦
大森 正仁・三木 浩一・小山 剛 編集代表

スポーツ六法2014
全848頁
定価:本体2,500円

小笠原 正・塩野 宏・松尾 浩也 編集代表

ジェンダー六法
収録数163件, 全776頁
定価:本体3,200円(税別)

山下 泰子・辻村 みよ子
浅倉 むつ子・二宮 周平・戒能 民江 編

医事法六法
収録数109件, 全560頁
定価:本体2,200円(税別)

甲斐 克則 編集代表

保育六法〔第3版〕
収録数230件, 全800頁
定価:本体2,600円(税別)

田村 和之 編集代表

コンパクト学習条約集〔第2版〕
全584頁
定価:本体1,000円(税別)

信山社